Dal cuore di Amma

Conversazioni con
Sri Mata Amritanandamayi

a cura di
Swami Amritaswarupananda

Mata Amritanandamayi Center, San Ramon
California, Stati Uniti

Dal cuore di Amma
Conversazioni con Sri Mata Amritanandamayi
a cura di Swami Amritaswarupananda

Pubblicato da:
 Mata Amritanandamayi Center
 P.O. Box 613
 San Ramon, CA 94583
 Stati Uniti

———————— *From Amma's Heart (Italian)* ————————

Prima edizione a cura del MA Center: agosto 2016

In Italia: www.amma-italia.it

In India:
 inform@amritapuri.org
 www.amritapuri.org

*Questo libro è offerto ai piedi di loto
della nostra adorata Amma,
la sorgente della bellezza e dell'amore.*

Indice

Prefazione

Senza comunicazione verbale, l'esistenza umana sarebbe tristissima. Lo scambio di idee e la condivisione di emozioni sono parte integrante della vita stessa. Tuttavia, è il silenzio che raggiungiamo attraverso la preghiera e la meditazione ad aiutarci davvero a trovare la pace e la felicità in questo rumoroso mondo di competizione e differenze conflittuali.

Nella normale vita quotidiana, quando le persone devono interagire e comunicare nelle più svariate situazioni, è difficile osservare il silenzio. E anche se l'ambiente circostante è favorevole alla quiete, rimanere in silenzio non è così facile. Ciò può addirittura portare alla follia degli esseri umani normali. Tuttavia, un silenzio colmo di beatitudine è la vera natura di personalità divine come Amma.

Osservando Amma relazionarsi con molteplici situazioni e varie persone in tutto il mondo, ho visto la grazia e la perfezione con cui si muove da un atteggiamento all'altro, da uno stato d'animo all'altro. Un istante Amma è il supremo Maestro spirituale, e un attimo dopo una madre compassionevole. A volte assume lo stato d'animo di una bambina, a volte l'atteggiamento di un'amministratrice. Dopo aver consigliato dirigenti d'azienda, scienziati acclamati e leader mondiali, semplicemente si alza e si dirige verso la sala del darshan, dove riceve e consola migliaia dei suoi figli di ogni ceto e cultura. Generalmente Amma trascorre tutta la giornata – e la maggior parte della notte – a confortare i suoi figli, ad ascoltarli, ad asciugare le loro lacrime, a infondere in loro nuova fede, sicurezza e forza. In tutto ciò, Amma rimane costantemente nel suo stato sereno naturale. Non si stanca mai. Non si lamenta mai. Il suo viso è sempre illuminato da un sorriso radioso. Amma, essere straordinario in una forma comune, dedica ogni momento della propria vita agli altri.

Che cosa rende Amma diversa da noi? Qual è il segreto? Da dove derivano la sua energia e il suo potere infiniti? La presenza di Amma svela in modo chiaro e tangibile la risposta a queste domande. Le sue parole la ribadiscono: "La bellezza delle vostre parole, il fascino delle vostre azioni, l'attrazione dei vostri movimenti dipendono tutti da quanto silenzio create dentro di voi. Gli esseri umani hanno la capacità di spingersi sempre più profondamente in questo silenzio. Più in profondità si penetra, e più ci si avvicina all'Infinito."

Questo silenzio profondo è l'essenza stessa dell'esistenza di Amma. L'amore incondizionato, una pazienza incredibile, una grazia e una purezza straordinarie – tutto ciò che Amma incarna è un'estensione del vasto silenzio in cui lei dimora.

C'era un tempo in cui Amma non parlava come fa oggi. Una volta, quando glielo si fece notare, Amma disse: "Anche se Amma parlasse, non capireste niente." Perché? Perché, ignoranti come siamo, non possiamo nemmeno iniziare a comprendere l'esperienza sublime e sottilissima in cui Amma è costantemente stabilita. Allora, perché Amma parla? È bene usare le sue stesse parole: "Se nessuno guida i ricercatori della Verità, essi potrebbero abbandonare il sentiero, pensando che lo stato della realizzazione del Sé non esista."

In verità, Grandi Anime come Amma preferirebbero rimanere in silenzio anziché parlare della realtà che sta dietro questo mondo oggettivo di avvenimenti. Amma sa molto bene che la Verità, quando è espressa a parole, viene inevitabilmente distorta, e che la nostra mente ignorante e limitata la interpreterà scorrettamente nel modo che disturba di meno il nostro ego. Nonostante ciò, questa incarnazione della compassione ci parla, risponde alle nostre domande e chiarisce i nostri dubbi, sapendo benissimo che la nostra mente creerà altri dubbi e ulteriore confusione. Sono la pazienza di Amma e il suo amore puro per l'umanità che la portano a continuare a rispondere alle nostre sciocche domande. Amma non si fermerà finché anche la nostra mente non diventerà beatamente silenziosa.

Nelle conversazioni riportate in questo libro, Amma, la Maestra suprema, fa scendere la sua mente al livello dei suoi figli, aiutandoci a cogliere un bagliore della realtà immutabile che fa da substrato al mondo mutevole. Ho cominciato a raccogliere queste perle di saggezza nel 1999. Quasi tutte le conversazioni e gli episodi sono stati annotati durante i tour di Amma in occidente. Seduto accanto a lei, durante il darshan, ho cercato di ascoltare le melodie dolci e divine che il cuore di Amma è sempre pronto a condividere con i suoi figli. Catturare la purezza, la profondità e la semplicità delle parole di Amma non è facile, senza dubbio è al di là delle mie capacità. Soltanto grazie alla sua compassione infinita sono riuscito a raccogliere queste parole divine e a riportarle qui.

Proprio come Amma stessa, anche le sue parole hanno una dimensione più profonda di ciò che appare a prima vista – un aspetto infinito che la mente umana ordinaria non può afferrare. Devo confessare la mia inabilità a comprendere pienamente il significato più profondo delle parole di Amma. La nostra mente, che gravita nel banale mondo degli oggetti, non può nemmeno cominciare a comprendere il supremo stato di coscienza da cui parla Amma. Detto questo, è mia profonda convinzione che le parole di Amma qui riportate sono molto speciali e sotto vari aspetti diverse da quelle di libri precedenti.

Era mio desiderio selezionare e presentare le belle conversazioni informali di Amma con i suoi figli. Mi ci sono voluti quattro anni per raccoglierle. Troverete l'intero universo al loro interno. Queste parole provengono dalle profondità della coscienza di Amma. Sotto la superficie si trova quel silenzio colmo di beatitudine che è la vera natura di Amma. Leggete con sentimento. Contemplate e meditate su quel sentimento e le parole vi riveleranno il loro significato più profondo.

Cari lettori, sono convinto che il contenuto di questo libro arricchirà e approfondirà la vostra ricerca spirituale, chiarendo i vostri dubbi e purificando la vostra mente.

Swami Amritaswarupananda
15 settembre 2003

Lo scopo della vita

Domanda: Amma, qual è lo scopo della vita?

Amma: Dipende dalle tue priorità e dal tuo modo di vedere la vita.

Domanda: Intendo il "vero" scopo della vita.

Amma: Il vero scopo è fare l'esperienza di ciò che giace al di là di questa esistenza fisica.

Tuttavia, ognuno vede la vita in modo diverso. La maggior parte degli esseri umani considera la vita una costante lotta per la sopravvivenza. Tali persone credono nella teoria che "soltanto i più dotati sopravvivono". Si accontentano di un modo di vita normale – per esempio avere una casa, un lavoro, una macchina, una moglie o un marito, dei figli e denaro a sufficienza per vivere. Sì, queste cose sono importanti, e dobbiamo concentrarci sulla nostra vita quotidiana e assolvere i nostri impegni e responsabilità, grandi o piccoli che siano. Ma la vita non è tutta qui. Esiste uno scopo più elevato, che è il conoscere e realizzare chi siamo.

Domanda: Amma, che cosa guadagniamo sapendo chi siamo?

Amma: Tutto. Un sentimento di completa pienezza, con assolutamente nient'altro da ottenere nella vita. Questa realizzazione rende la vita perfetta.

Nonostante tutto ciò che abbiamo accumulato o ci sforziamo di ottenere, alla maggior parte di noi la vita sembra comunque incompleta – come la lettera "C". Questo vuoto, questa mancanza, ci sarà sempre. Soltanto la conoscenza spirituale e la realizzazione del Sé [*Atman*] possono riempire questo vuoto e unire le due estremità, trasformando la vita in una lettera "O". Soltanto la conoscenza di "Quello" ci farà sentire ben radicati nel vero centro della vita.

Domanda: In questo caso, cosa dire dei doveri materiali che dobbiamo svolgere?

Amma: Chiunque noi siamo e qualunque cosa facciamo, i compiti che portiamo avanti nel mondo dovrebbero aiutarci a raggiungere il *dharma* [dovere] supremo, che è l'unione con il Sé universale. Tutti gli esseri viventi sono un tutt'uno, perché la vita è una sola, e la vita ha uno scopo solo. A causa dell'identificazione con il corpo e la mente, si potrà pensare: "Cercare il Sé e raggiungere la realizzazione del Sé non è il mio dharma; il mio dharma è fare il musicista, l'attore o l'uomo d'affari." La possiamo pensare in questo modo, ma non arriveremo mai a sentirci appagati a meno che non dirigiamo la nostra energia verso lo scopo supremo della vita.

Domanda: Amma, dici che lo scopo della vita di tutti è la realizzazione del Sé. Ma non sembra essere così, perché la maggior parte della gente non raggiunge la realizzazione e non sembra nemmeno sforzarsi per arrivarci.

Amma: Questo è dovuto al fatto che la maggior parte delle persone non ha alcuna comprensione spirituale. Tale fenomeno è chiamato *maya*, il potere illusorio del mondo, che vela la Verità e ne tiene lontana l'umanità.

Che ne siamo consapevoli o meno, il vero scopo della vita è realizzare la divinità che abbiamo in noi. Ci sono molte cose che nel tuo attuale stato mentale potresti non sapere. Sarebbe infantile dire: "Non esistono perché io non ne sono consapevole."

Attraverso situazioni ed esperienze, si presenteranno a noi nuove e sconosciute fasi di vita, che ci avvicineranno sempre più al nostro vero Sé. È soltanto una questione di tempo. Per alcuni questa realizzazione può essere già avvenuta; per altri può verificarsi in qualsiasi momento e per altri ancora in una fase successiva. Soltanto perché non è ancora successo o potrà non succedere in questa vita, non pensare che non si verificherà mai.

Dentro di te c'è una conoscenza immensa che aspetta il tuo consenso per venire alla luce. Ma la cosa non succederà a meno che tu non glielo permetta.

Domanda: Chi è a doverlo permettere? La mente?

Amma: Tutto il tuo essere – corpo, mente e intelletto.

Domanda: È una questione di comprensione?

Amma: Una questione di comprensione e di azione.

Domanda: Come facciamo a sviluppare questa comprensione?

Amma: Sviluppando l'umiltà.

Domanda: Cosa c'è di così grande nell'umiltà?

Amma: L'umiltà ti rende ricettivo a tutte le esperienze senza giudicarle. In questo modo impari di più. Non è soltanto una questione di comprensione intellettuale. In giro per il mondo ci sono molte persone che hanno informazioni spirituali più che sufficienti nella testa. Eppure, quante tra loro sono davvero spirituali e si sforzano sinceramente di arrivare alla Meta, o anche solo cercano di raggiungere una comprensione più profonda dei princìpi spirituali? Ben poche, non è vero?

Domanda: Quindi, Amma, qual è il vero problema? La mancanza di fede o l'incapacità di non rimanere imprigionato nella testa?

Amma: Se hai vera fede, allora cadrai automaticamente nel cuore.

Domanda: Allora è a causa della mancanza di fede?

Amma: Tu che cosa ne pensi?

Domanda: Sì, è la mancanza di fede. Ma perché hai usato l'espressione "cadere" nel cuore?

Amma: Dal punto di vista fisico, la testa è la parte più elevata del corpo. Di lì, per arrivare al cuore, bisogna cadere. Spiritualmente parlando, però, significa elevarsi e librarsi in alto.

Sii paziente perché sei un paziente

Domanda: Come si riceve vero aiuto da un *Satguru* [Maestro realizzato]?

Amma: Per ricevere aiuto, prima di tutto accetta il fatto di essere un paziente, e poi sii paziente.

Domanda: Amma, sei tu il nostro dottore?

Amma: Nessun bravo medico andrà in giro proclamando: "Io sono il miglior dottore. Venite da me, vi curerò." Anche se un paziente ha il migliore dottore, se non ha fede in lui, il trattamento potrebbe rivelarsi non molto efficace.

In qualsiasi momento e luogo, tutte le operazioni chirurgiche che si effettuano nella sala operatoria della vita sono compiute da Dio. Avrai visto i chirurghi indossare una mascherina durante l'intervento. In quel momento nessuno li riconosce, ma dietro questa mascherina c'è il medico. In modo analogo, sotto la superficie di tutte le esperienze della vita c'è il volto compassionevole di Dio, o del Guru.

Domanda: Amma, sei inflessibile con i tuoi discepoli quando si tratta di rimuovere il loro ego?

Amma: Quando un chirurgo opera e rimuove le parti cancerose dal corpo di un paziente, ti sembra che stia compiendo un'azione crudele? In questo caso, anche Amma è crudele, per così dire. Ma Amma toccherà l'ego dei suoi figli soltanto se essi cooperano.

Domanda: Che cosa fai per aiutarli?

Amma: Amma aiuta i suoi figli a vedere il cancro dell'ego – le debolezze e le negatività interiori – e rende loro più facile la sua eliminazione. Questa è vera compassione.

Domanda: Li consideri come tuoi pazienti?

Amma: È più importante che *loro* si rendano conto di essere dei pazienti.

Domanda: Amma, cosa intendi per "cooperazione" del discepolo?

Amma: Fede e amore.

Domanda: Amma, questa è una domanda stupida, ma non posso fare a meno di farla. Ti prego, perdonami se sono sciocco.

Amma: Chiedi pure.

Domanda: Qual è la percentuale di successo nelle tue operazioni?

Amma scoppiò a ridere e diede un colpetto sulla testa del devoto.

Amma: *(sempre ridendo)* Figlio, le operazioni che hanno successo sono molto rare.

Domanda: Perché?

Amma: Perché nella maggior parte delle persone l'ego non permette di cooperare con il dottore, non gli consente di fare un buon lavoro.

Domanda: *(con tono birichino)* Il dottore sei tu, non è vero?

Amma: Non lo so.

Domanda: Okay, Amma, qual è il requisito di base perché un intervento simile abbia successo?

Amma: Una volta che il paziente è sul lettino della sala operatoria, l'unica cosa che può fare è rimanere immobile, aver fede nel chirurgo e affidarsi a lui. Oggigiorno, persino per operazioni lievi viene praticata l'anestesia ai pazienti. Nessuno vuole sentire dolore. Di fronte al dolore, la gente preferisce perdere coscienza piuttosto che restare sveglia. L'anestesia, locale o generale che sia, rende il paziente inconsapevole del procedimento. Invece, quando un vero Maestro lavora su di te – sul tuo ego – preferisce che tu sia pienamente consapevole. La chirurgia del Maestro divino rimuove l'ego canceroso del discepolo. L'intero processo è molto più facile se il discepolo riesce a rimanere conscio e aperto.

Il vero significato di Dharma

Domanda: Il concetto di *dharma* viene spiegato in modi diversi da persone diverse. Avere così tante interpretazioni di un solo termine è causa di confusione. Amma, qual è il vero significato di dharma?

Amma: Il vero significato di dharma diventa chiaro soltanto quando realizziamo che Dio è la nostra sorgente e il nostro sostegno. Non lo si può trovare nelle parole o nei libri.

Domanda: Questo è il dharma supremo, non è vero? Ma come facciamo a trovare un significato che si adatti alla nostra vita quotidiana?

Amma: Si tratta di una rivelazione che viene svelata a tutti noi mentre attraversiamo le varie esperienze della vita. Per alcune persone, questa rivelazione accade in poco tempo, trovano immediatamente il sentiero giusto e il giusto corso d'azione. Per altre, è un processo lento. Devono forse attraversare una fase di tentativi ed errori prima di arrivare a un punto nella vita in cui possono incominciare a svolgere il loro dharma in questo mondo. Ciò non significa che tutto quello che hanno fatto nel passato sia andato sprecato. No, la loro esperienza ne verrà arricchita ed esse impareranno svariate lezioni, sempre che rimangano aperte.

Domanda: Condurre una vita familiare normale e affrontare le sfide e i problemi che comporta può ostacolare il proprio risveglio spirituale?

Amma: No, se consideriamo la realizzazione del Sé come l'obiettivo finale della vita. Se questa è la nostra meta, faremo in modo che i nostri pensieri e azioni ci aiutino a raggiungerla, non è vero? Saremo sempre consapevoli della nostra vera destinazione. Una persona in viaggio verso un determinato luogo potrà fermarsi in diversi punti lungo la strada, per una tazza di tè o per il pranzo, ma ritornerà sempre al veicolo che la sta trasportando. Anche durante quelle piccole pause non perderà mai di vista la destinazione originaria. Analogamente, nella vita potremo fermarci spesso e fare diverse cose. Non dobbiamo però dimenticarci di ritornare sul mezzo di trasporto che ci fa procedere sul sentiero spirituale e di rimanere seduti con la cintura di sicurezza ben allacciata.

Domanda: "Con la cintura di sicurezza ben allacciata"?

Amma: Sì. Quando si vola, i vuoti d'aria possono creare turbolenze, e il volo a volte può presentare degli scossoni. Anche viaggiando sulla strada possono verificarsi degli incidenti. Quindi è sempre meglio essere prudenti e adottare misure di sicurezza. In modo simile, durante il viaggio spirituale non si possono evitare situazioni che causano agitazione mentale ed emotiva. Per proteggerci da tali circostanze, dobbiamo ascoltare il *Satguru* [Maestro realizzato], mantenere una disciplina, e osservare regole e restrizioni. Sono queste le cinture di sicurezza del viaggio spirituale.

Domanda: Qualsiasi lavoro svolgiamo, quindi, non dovrebbe distrarci dal nostro dharma supremo, che è la realizzazione di Dio. Amma, è questo che stai dicendo?

Amma: Sì. Chi tra voi vuole condurre una vita di contemplazione e meditazione, deve mantenere sempre acceso dentro di sé il fuoco del desiderio di realizzare Dio.

Il significato di dharma è "ciò che sostiene"; ciò che sostiene la vita e l'esistenza è l'*Atman* [il Sé]. Quindi dharma, sebbene venga comunemente utilizzato per indicare "il proprio dovere" o il sentiero che una persona dovrebbe intraprendere nel mondo, in ultima analisi si riferisce alla realizzazione del Sé. In questo senso, soltanto pensieri e azioni che favoriscono la nostra evoluzione spirituale possono essere definiti dharma.

Azioni compiute al momento giusto, con l'atteggiamento giusto, sono dharmiche. Azioni giuste possono aiutare nel processo di purificazione mentale. Puoi essere un uomo d'affari o un tassista, un macellaio o un politico; qualunque sia il tuo lavoro, se lo compi come tuo dharma, come un mezzo per arrivare a *moksha* [liberazione], allora le tue azioni diventano sacre. È così che le *gopi* [le mogli dei pastori] di Vrindavan, che si guadagnavano da vivere vendendo latte e burro, si avvicinarono a Dio e infine realizzarono lo scopo della vita.

Amore e amore

Domanda: Amma, qual è la differenza tra amore e Amore?

Amma: La differenza tra amore e Amore è la differenza tra gli esseri umani e Dio. Amore è la natura di Dio, e amore è la natura degli esseri umani.

Domanda: Ma Amore è la vera natura anche degli esseri umani, non è così?

Amma: Sì, se si realizza questa verità.

Coscienza e consapevolezza

Domanda: Amma, cos'è Dio?

Amma: Dio è pura coscienza; Dio è pura consapevolezza.

Domanda: Coscienza e consapevolezza sono la stessa cosa?

Amma: Sì, lo sono. Più sei consapevole e più sei cosciente, e viceversa.

Domanda: Amma, qual è la differenza tra materia e coscienza?

Amma: Una è l'esterno e l'altra l'interno. L'esterno è materia, e l'interno coscienza. L'esterno cambia, e l'interno, l'*Atman* [il Sé] che vi dimora, è immutabile. È la presenza dell'Atman che dona vita e illumina ogni cosa. Al contrario della materia, l'Atman risplende di luce propria. Senza coscienza, la materia rimane sconosciuta. Tuttavia, una volta che avrai trasceso tutte le differenze, vedrai ogni cosa pervasa da pura coscienza.

Domanda: "Trascendere le differenze", "ogni cosa pervasa da pura coscienza" – Amma, fai sempre dei bellissimi esempi. Puoi farne uno per rendere più chiaro questo punto?

Amma: *(sorridendo)* Migliaia di begli esempi non impediranno alla mente di ripetere le stesse domande. Soltanto l'esperienza eliminerà tutti i dubbi. Tuttavia, se l'intelletto può ricavare un po' di soddisfazione da un esempio, Amma lo farà volentieri.

È come trovarsi in una foresta. Quando sei nella foresta, vedi tutti i vari tipi di piante, alberi e rampicanti nella loro varietà. Ma se te ne allontani, quando ti volti indietro a guardare, tutti i diversi tipi di alberi e piante a poco a poco scompaiono, fino a che alla fine ogni cosa ti appare come un'unica foresta. In modo analogo, quando trascenderai la mente, scompariranno anche le sue limitazioni, i suoi desideri meschini e tutte le differenze create dal senso di "io" e "mio". Allora incomincerai a percepire ogni cosa come il solo e unico Sé.

La coscienza è, sempre

Domanda: Se la coscienza è sempre presente, esiste una prova convincente della sua esistenza?

Amma: La tua stessa esistenza è la prova più convincente della coscienza. Puoi negare la tua stessa esistenza? No, perché persino il tuo negare è una prova che tu esisti, non è vero? Immagina che qualcuno ti chieda: "Ehi, ci sei?" e tu risponda: "No, non ci sono." Anche una risposta negativa diventa una prova inconfutabile della tua presenza, non hai bisogno di confermarla. Anche se la rifiuti viene provata. Quindi, non si può nemmeno dubitare dell'*Atman* [il Sé].

Domanda: Perché allora l'esperienza è così difficile da raggiungere?

Amma: "Ciò che è" può essere sperimentato soltanto quando ne siamo consapevoli. Altrimenti ci rimane sconosciuto, sebbene esista. Semplicemente non conoscevamo la verità di ciò che è. La legge di gravità esisteva anche prima che venisse scoperta. Una pietra lanciata in alto ha sempre dovuto ridiscendere. Allo stesso modo, la coscienza è sempre presente dentro di noi – adesso, nel momento presente – ma possiamo non esserne consapevoli. In verità, soltanto il momento presente è reale. Ma per fare l'esperienza di questa verità, abbiamo bisogno di una visione nuova, un occhio nuovo e addirittura un corpo nuovo.

Domanda: "Un corpo nuovo"? Che cosa intendi dire?

Amma: Non significa che il corpo attuale debba scomparire. Continuerà ad avere lo stesso aspetto, ma verrà sottoposto a un cambiamento sottile, a una trasformazione. Perché soltanto così potrà contenere una coscienza sempre in espansione.

Domanda: Cosa intendi con "coscienza in espansione"? Le *Upanishad* [parte conclusiva dei Veda] dichiarano che l'Assoluto è *purnam* [sempre pieno]. Le Upanishad affermano "*purnamada purnamidam...*" [Questo è il Tutto, quello è il Tutto...], quindi non capisco come la coscienza, già perfetta, possa crescere.

Amma: Ciò è perfettamente vero. Tuttavia, a livello fisico o individuale, l'aspirante spirituale attraversa un'esperienza di espansione di coscienza. La *shakti* [energia divina] totale, naturalmente, è immutabile. Sebbene dal punto di vista del *Vedanta* [filosofia spirituale induista del non-dualismo] non esista alcun percorso spirituale, per l'individuo il cosiddetto percorso spirituale verso lo stato di perfezione esiste. Una volta raggiunta la Meta, ti renderai anche conto che l'intero processo, incluso il viaggio, è stato irreale, perché ti sei sempre trovato in quello stato, e mai ne sei stato separato. Fino a quando non avviene questa realizzazione finale, c'è un'espansione di consapevolezza e di coscienza che dipende dal progresso del *sadhak* [aspirante spirituale].

Per esempio, cosa succede quando attingi l'acqua da un pozzo? Il pozzo viene di nuovo immediatamente riempito dalla sorgente che vi è alla base. La sorgente continuerà a riempire il pozzo. Più acqua attingi, più acqua proverrà dalla sorgente. In un certo senso potremmo dire che l'acqua nel pozzo continua ad aumentare. La sorgente è una fonte inesauribile. Il pozzo è pieno e continua a rimanere pieno perché è eternamente collegato alla sorgente. Il pozzo diventa sempre più perfetto, continua a espandersi.

Domanda: *(dopo una pausa di riflessione)* È un'immagine molto vivida, ma sembra una cosa complicata.

Amma: Sì, la mente non capirà, Amma lo sa. La cosa più semplice è la più difficile. La più facile è la più complessa. E la cosa più vicina sembra la più lontana. Continuerà a essere un enigma finché non realizzerai il Sé. Questa è la ragione per cui i *Rishi* [gli antichi veggenti] hanno descritto l'Atman come "più lontano della cosa più lontana, più vicino della cosa più vicina".

Figli, il corpo umano è uno strumento molto limitato, non può contenere la coscienza illimitata. Tuttavia, come il pozzo, una volta che ci colleghiamo alla sorgente eterna della shakti, la coscienza continuerà a espandersi dentro di noi. Quando si raggiunge lo stato di *samadhi* finale [il dimorare naturalmente nel Sé], il legame tra il corpo e la mente, tra Dio e il mondo, comincerà a funzionare in perfetta armonia. Non ci sarà più crescita, niente. Sarai una cosa sola con l'infinito oceano di coscienza.

Nessuna rivendicazione

Domanda: Amma, tu rivendichi qualcosa?

Amma: Rivendicare cosa?

Domanda: Di essere un'incarnazione della Madre Divina, una Maestra che ha realizzato pienamente il Sé, o cose simili.

Amma: Il Presidente o il Primo Ministro di una nazione continua forse a proclamare ovunque vada: "Sapete chi sono io? Sono il Presidente. Sono il Primo Ministro"? No. Essi sono quello che sono. Persino proclamare di essere un *Avatar* [Dio sceso sulla terra in forma umana] o un essere realizzato implica l'ego. In verità, se qualcuno rivendica di essere un'Incarnazione, un'Anima perfetta, questa è di per sé la prova che non lo è.

I Maestri perfetti non rivendicano cose simili. Sono di esempio al mondo grazie alla loro umiltà. Ricordati, la realizzazione del Sé non ti rende speciale. Ti rende umile.

Per rivendicare di essere qualcosa di speciale, non hai bisogno né di essere realizzato né di avere abilità particolari. L'unico requisito richiesto è un grande ego e falso orgoglio, tutto quello che un Maestro perfetto non ha.

L'importanza del Guru
sul sentiero spirituale

Domanda: Perché nel sentiero spirituale si dà così tanta importanza al Guru?

Amma: Forza, di' ad Amma se esiste un sentiero o un qualche tipo di lavoro che puoi imparare senza l'aiuto di un maestro o di una guida. Se vuoi imparare a guidare, devi farti insegnare da un guidatore esperto. A un bambino bisogna insegnare ad allacciarsi le scarpe. E come si fa a imparare la matematica senza un insegnante? Persino un borseggiatore ha bisogno di un maestro che gli insegni l'arte del furto. Se gli insegnanti sono indispensabili nella vita normale, un maestro non sarà ancor più necessario sul sentiero spirituale, che è estremamente sottile? Se vuoi recarti in un luogo lontano, forse vorrai acquistare una mappa. Ma per quanto accuratamente la studi, se ti stai dirigendo verso una terra ignota, un posto completamente sconosciuto, non saprai niente di quel luogo fino al momento in cui non ci arrivi davvero. E nemmeno la mappa potrà darti informazioni sul viaggio in sé, sui dossi e le cunette della strada, e sui possibili pericoli lungo la via. È quindi meglio essere guidati da qualcuno che ha completato il viaggio, qualcuno che conosce la strada per esperienza personale.

Cosa sai del sentiero spirituale? È un mondo del tutto ignoto. Potrai aver raccolto delle informazioni da libri e da altre persone, ma quando si tratta di mettere tutto questo in pratica, di farne l'esperienza, la direzione di un *Satguru* [Maestro realizzato] è assolutamente necessaria.

Il tocco guaritore di Amma

Un giorno, un coordinatore del tour europeo di Amma accompagnò da lei una giovane donna. La ragazza piangeva ininterrottamente. "Ha una storia molto triste da raccontare ad Amma", mi disse lui. Con le lacrime che le rigavano il volto, la donna raccontò ad Amma che suo padre se ne era andato di casa quando lei aveva soltanto cinque anni. Da bambina, era solita chiedere alla madre dove fosse il padre. Ma sua madre non aveva mai niente di bello da dire su di lui, perché il loro rapporto era stato pessimo. Con il passare degli anni, a poco a poco la ragazza aveva perso la curiosità di avere notizie del padre.

La madre della ragazza era morta due anni prima – ovvero vent'anni dopo la scomparsa del padre. Mentre sistemava alcune cose che appartenevano a sua madre, fu stupita nel trovare un vecchio diario con l'indirizzo del padre. Riuscì a rintracciare il suo numero di telefono e, incapace di trattenere la propria eccitazione, lo chiamò immediatamente. La gioia di padre e figlia era infinita. Dopo aver parlato a lungo al telefono, stabilirono di incontrarsi. Si misero d'accordo che lui avrebbe raggiunto in auto il paese dove lei abitava, e concordarono il giorno. Ma il destino fu davvero crudele, incredibilmente spietato. Mentre si stava dirigendo a incontrare la figlia, ebbe un incidente e morì sul colpo.

La giovane donna ne fu sconvolta. La direzione dell'ospedale la chiamò per identificare il padre, il cui corpo le venne affidato. Immaginate la disperazione della giovane. Aveva aspettato con tanta trepidazione di incontrare il padre, che non vedeva da vent'anni, e infine tutto ciò che riuscì a vedere fu il suo corpo senza vita! A peggiorare le cose, i dottori dissero alla ragazza che l'incidente si era verificato perché, mentre era alla guida, aveva avuto un attacco di cuore, causato molto probabilmente dall'eccitazione per l'idea di rivedere la figlia dopo così tanti anni. Quel mattino, mentre Amma riceveva la giovane, fui testimone di uno dei darshan più belli e commoventi che io abbia mai visto. Mentre la donna piangeva tutte le sue lacrime, Amma si asciugava le proprie, che le scorrevano sul viso. Abbracciando teneramente la donna, Amma le prese la testa e se la pose in grembo, le asciugò le lacrime, la accarezzò e la baciò, dicendole con affetto: "Figlia mia, bambina mia, non piangere!" Amma riuscì a calmare e a consolare la donna. Non ci fu quasi alcuno scambio verbale fra loro. Osservando la scena, cercando di mantenermi il più aperto possibile, stavo imparando un'altra lezione importante sulla guarigione di un cuore ferito, e come ciò si verifichi alla presenza di Amma. Quando la donna se ne andò, si notava in lei un netto cambiamento. Sembrava enormemente sollevata e rilassata. Mentre stava per andarsene, si voltò verso di me e mi disse: "Dopo aver incontrato Amma, mi sento leggera come un fiore."

Durante occasioni di una simile intensità, Amma usa ben poche parole, specialmente quando si tratta di condividere il dolore e la sofferenza degli altri. Soltanto il silenzio accompagnato da una profonda partecipazione emotiva può riflettere il dolore altrui. Quando si verificano tali situazioni, Amma parla attraverso gli occhi, condividendo il dolore dei suoi figli ed esprimendo la profondità del suo amore, preoccupazione, partecipazione e premura.

Come dice Amma: "L'ego non può guarire nessuno. Parlare di alta filosofia usando un linguaggio ricercato confonde solo la gente. Lo sguardo o il tocco di una persona priva di ego, invece, solleverà facilmente le nuvole del dolore e della disperazione dalla mente del prossimo. È questo che conduce alla vera guarigione."

Il dolore della morte

Domanda: Amma, perché alla morte sono associati così tanta paura e dolore?

Amma: È un attaccamento eccessivo al corpo e al mondo a creare il dolore e la paura della morte. Quasi tutti ritengono che la morte sia un completo annichilimento. Nessuno vuole lasciare il mondo e scomparire nell'oblio. Quando abbiamo un attaccamento simile, il processo di abbandonare il corpo e il mondo può essere doloroso.

Domanda: La morte sarà indolore se superiamo questo attaccamento?

Amma: Se si trascende l'attaccamento al corpo, la morte non solo sarà indolore, ma diventerà anche un'esperienza colma di beatitudine. Si può rimanere testimoni della morte del corpo. Un atteggiamento distaccato rende la morte un'esperienza interamente diversa.

La maggior parte delle persone muore in una condizione di terribile frustrazione e insoddisfazione. Consumate da una profonda tristezza, esse trascorrono gli ultimi giorni di vita nell'ansia, nel dolore e in una disperazione totale. Perché? Perché durante la vita non hanno imparato ad abbandonare i loro sogni, desideri e attaccamenti insignificanti. La loro vecchiaia, e specialmente gli ultimi giorni, saranno peggio dell'inferno. Questa è la ragione per cui la saggezza è così importante.

Domanda: Invecchiando si diventa saggi?

Amma: Questa è la credenza comune. Dopo aver visto e sperimentato ogni cosa, attraversando le varie fasi della vita, la saggezza dovrebbe sbocciare. Tuttavia, non è così facile raggiungere questo livello di saggezza, specialmente nel mondo d'oggi, in cui le persone sono diventate così egocentriche.

Domanda: Qual è la qualità di base che dobbiamo sviluppare per raggiungere questo tipo di saggezza?

Amma: Una vita contemplativa e meditativa. Ciò ci dà la capacità di penetrare più profondamente nelle varie esperienze della vita.

Domanda: Amma, poiché nel mondo la maggior parte della gente non è di natura contemplativa o meditativa, questa non è una cosa poco pratica per loro?

Amma: Dipende da quanta importanza le si dà. Ricordati che c'era un tempo in cui la contemplazione e la meditazione erano parte integrante della vita. Questa è la ragione per cui si riuscirono a conseguire obiettivi importanti, nonostante la scienza e la tecnologia non fossero sviluppate quanto lo sono oggi. Le scoperte di quei tempi continuano a essere la base di quello che facciamo oggi.

Nel mondo odierno, le cose più importanti spesso non sono accettate, perché vengono definite "non pratiche". Questa è una delle caratteristiche del *Kali Yuga*, l'era delle tenebre del materialismo. È facile svegliare una persona che sta dormendo, ma difficile svegliare chi fa finta di essere addormentato. Serve a qualcosa mettere uno specchio di fronte a un cieco? In questa era, la gente preferisce tenere gli occhi chiusi di fronte alla Verità.

Domanda: Amma, che cos'è la vera saggezza?

Amma: La vera saggezza è ciò che aiuta a rendere la vita semplice e bella. È la giusta comprensione che si acquisisce attraverso un corretto discernimento. Quando si assorbe questa qualità, essa si rifletterà nei nostri pensieri e nelle nostre azioni.

L'umanità al momento attuale

Domanda: Qual è lo stato spirituale dell'umanità al momento attuale?

Amma: Generalmente parlando, c'è un enorme risveglio spirituale in tutto il mondo. La gente sta sicuramente diventando sempre più consapevole del bisogno di uno stile di vita spirituale. In occidente la filosofia New Age, lo yoga e la meditazione stanno acquistando popolarità come mai prima d'ora, sebbene il loro collegamento con la spiritualità non sia stato ancora del tutto riconosciuto. Fare yoga e meditazione è diventato di moda in molti paesi, specialmente nelle classi più elevate della società. L'idea basilare di vivere in sintonia con la Natura e con i princìpi spirituali viene accettata persino dagli atei. Si riscontrano ovunque una sete interiore e una sensazione di urgenza a cambiare. Questo è senza dubbio un segno positivo.

Tuttavia, stanno aumentando a dismisura anche l'influenza del materialismo e i piaceri materiali. Se le cose continuano di questo passo, ciò creerà un serio squilibrio. Quando si tratta di piaceri materiali, la gente usa ben poco discernimento e il suo approccio è spesso distruttivo e privo di intelligenza.

Domanda: C'è qualcosa di nuovo o di speciale in questa era?

Amma: Ogni momento è speciale, per così dire. Nonostante questo, l'era attuale è speciale, perché abbiamo quasi raggiunto un'altra vetta dell'esistenza umana.

Domanda: Davvero? Qual è questa vetta?

Amma: La vetta dell'ego, delle tenebre e dell'egoismo.

Domanda: Amma, puoi spiegarti meglio, per favore?

Amma: Secondo i *Rishi* [gli antichi veggenti e saggi], ci sono quattro ere: *Satyayuga, Tretayuga, Dwaparayuga* e *Kaliyuga*. Al momento siamo nel Kaliyuga, l'era cupa del materialismo. Satyayuga viene per prima, è un periodo in cui esistono soltanto la verità e la giustizia. Dopo aver attraversato le altre due ere, Treta e Dwapara yuga, l'umanità ha ora raggiunto l'ultima, Kaliyuga, che dovrebbe culminare in un'altro Satyayuga. Tuttavia, entrando e vivendo il Treta e il Dwapara yuga abbiamo anche perso molti bei valori, come compassione, verità, amore, ecc. L'età della verità e della giustizia ha costituito la vetta. Treta e Dwapara yuga erano a metà strada, quando conservavamo ancora un po' di *dharma* [rettitudine] e *satya* [verità]. Adesso abbiamo raggiunto un'altra vetta, la vetta dell'*adharma* [assenza di rettitudine] e dell'*asatya* [assenza di verità]. Soltanto delle lezioni di umiltà aiuteranno l'umanità ad accorgersi delle tenebre che attualmente la circondano. In questo modo ci prepareremo a scalare la vetta fino alla luce e alla verità. Speriamo e preghiamo che in tutto il mondo i popoli di ogni fede e cultura imparino questa lezione, che è la necessità primaria di questa era.

Scorciatoia per la
realizzazione del Sé

Domanda: Nel mondo d'oggi, per raggiungere qualsiasi cosa, la gente cerca scorciatoie. Ci sono scorciatoie per realizzare il Sé?

Amma: Questa domanda equivale a chiedere: "Esiste una scorciatoia per arrivare a me stesso?" La realizzazione del Sé è il sentiero che conduce al tuo Sé. È semplice come accendere un interruttore. Tuttavia devi sapere quale interruttore premere e in che modo, perché l'interruttore è nascosto dentro di te. Non puoi trovarlo all'esterno. È lì che c'è bisogno dell'aiuto di un Maestro Divino.

La porta è sempre aperta. Devi soltanto entrare.

Progredire spiritualmente

Domanda: Amma, medito da molti anni, ma non penso di aver fatto dei veri progressi. Sto facendo qualcosa di sbagliato? Pensi che le mie pratiche spirituali siano corrette?

Amma: Innanzitutto Amma vuole sapere perché pensi che non stai progredendo. Qual è il tuo criterio per giudicare il progresso spirituale?

Domanda: Non ho mai avuto nessuna visione.

Amma: Che tipo di visioni ti aspetti?

Domanda: Non ho mai visto nessuna luce blu divina.

Amma: Da dove ti è venuta l'idea di vedere una luce blu?

Domanda: Me l'ha detto un amico. L'ho anche letto nei libri.

Amma: Figlio, non farti idee inutili sulla tua *sadhana* [pratica spirituale] e sulla crescita spirituale. È questo a essere sbagliato. Le tue stesse idee sulla spiritualità possono diventare degli ostacoli sul cammino. La sadhana che stai praticando è giusta, ma il tuo atteggiamento è sbagliato. Stai aspettando che appaia di fronte a te una luce blu. La cosa strana è che non hai assolutamente idea di cosa sia una luce divina, e ciò nonostante pensi che sia blu. E se la divinità decidesse di apparire sotto forma di una luce verde o rossa? Potresti lasciartela scappare.

C'era una volta un figlio che disse ad Amma che aspettava l'apparizione di una luce verde durante la meditazione. Amma gli disse di fare attenzione quando guidava, perché avrebbe potuto passare con il semaforo rosso, pensando che fosse verde. Simili concetti sulla spiritualità sono davvero pericolosi. Figlio, l'obiettivo di tutte le pratiche spirituali è sperimentare pace in ogni circostanza. Tutto il resto – che sia un suono, una luce o una forma – va e viene. Anche se hai delle visioni, sono temporanee. L'unica esperienza permanente è la pace completa. Questa pace e l'esperienza dell'equanimità mentale sono il vero frutto della vita spirituale.

Domanda: Amma, è sbagliato desiderare esperienze simili?

Amma: Amma non vuol dire che sia sbagliato, ma è bene non dare loro troppa importanza, perché ciò potrebbe davvero rallentare la tua crescita spirituale. Se si verificano, lascia che accadano. È questo l'atteggiamento giusto.

Nelle fasi iniziali della vita spirituale, un aspirante avrà molte nozioni e concezioni errate sulla spiritualità, dovute a un'eccitazione esagerata e a poca consapevolezza. Per esempio, alcuni desiderano ardentemente avere la visione di dèi e di dee, altri vorrebbero vedere vari colori. Molti sono fortemente attratti da bei suoni. Quante persone sprecano tutta la vita inseguendo le *siddhi* [poteri psichici]! C'è anche chi desidera conseguire immediatamente il *samadhi* [stato di dimora nel Sé] o la *moksha* [liberazione], o chi ha udito tante storie sul risveglio della *kundalini* [energia spirituale che giace assopita alla base della spina dorsale]. Un vero aspirante spirituale non sarà mai ossessionato da idee simili. Questi concetti possono davvero rallentare il nostro progresso spirituale. Ecco perché è importante avere fin dall'inizio una chiara comprensione e un approccio salutare e intelligente verso la propria vita spirituale. Ascoltare indiscriminatamente chiunque affermi di essere un Maestro e leggere libri senza criterio non fa che aumentare la confusione.

La mente di un'Anima realizzata

Domanda: Com'è la mente di un'anima realizzata?

Amma: È una mente senza mente.

Domanda. È una non-mente?

Amma: È vastità.

Domanda: Ma anche loro interagiscono con il mondo. Com'è possibile senza una mente?

Amma: Naturalmente anch'essi "usano" la mente per interagire con il mondo. Tuttavia, c'è una grande differenza fra la comune mente umana, che è piena di vari pensieri, e la mente di un *Mahatma* [Grande Anima]. I Mahatma usano la mente, mentre noi veniamo usati dalla mente. Essi non sono calcolatori, ma spontanei. La spontaneità è la natura del cuore. Una persona che si identifica troppo con la mente non può essere spontanea.

Domanda: La maggior parte delle persone che vivono nel mondo si identificano con la mente. Stai dicendo che hanno tutte una natura manipolativa?

Amma: No, ci sono moltissime occasioni in cui ci si identifica con il cuore e con i suoi sentimenti positivi. Quando le persone sono gentili, compassionevoli e piene di considerazione nei confronti degli altri dimorano più nel cuore che nella mente. Ma sono sempre in grado di comportarsi così? No, più sovente si identificano con la mente. Questo è ciò che intende Amma.

Domanda: Se la capacità di rimanere perfettamente in sintonia con i sentimenti positivi del cuore è latente in tutti, perché non si verifica più spesso?

Amma: Perché, nel vostro stato attuale, la mente è più potente. Per rimanere in sintonia con i sentimenti positivi del cuore dovete rafforzare il legame con il silenzio del vostro cuore spirituale e indebolire quello con le agitazioni della vostra mente rumorosa.

Domanda: Cos'è che rende una persona spontanea e aperta?

Amma: Una minore interferenza dell'ego.

Domanda: Cosa succede quando c'è meno interferenza dell'ego?

Amma: Vieni sopraffatto da un'intensa brama interiore. Sebbene avessi preparato il terreno per un evento simile, nel momento in cui questo accade non c'è alcun motivo calcolatore, né alcuno sforzo. Quell'azione, o qualsiasi cosa di cui si tratti, diventa appagante e piena di bellezza. Anche gli altri vengono attratti da quello che fai in quell'occasione. Momenti di questo tipo sono più l'espressione del tuo cuore. In questi casi sei più vicino al tuo vero essere.

In verità, tali momenti provengono da ciò che è oltre – oltre la mente e l'intelletto. Improvvisamente sei sintonizzato con l'Infinito e riesci ad accedere alla sorgente dell'energia universale.

I Maestri perfetti dimorano sempre in questo stato di spontaneità, e creano la stessa situazione anche per gli altri.

La distanza fra noi e Amma

Domanda: Amma, qual è la distanza fra noi e te?

Amma: Nulla e infinita.

Domanda: Nulla e infinita?

Amma: Sì, non c'è assolutamente alcuna distanza tra voi e Amma. Ma allo stesso tempo la distanza è anche infinita.

Domanda: Sembra contraddittorio.

Amma: Sono le limitazioni della mente a farlo sembrare contraddittorio. Continuerà a essere così finché non raggiungerete lo stato finale della realizzazione. Nessuna spiegazione, per quanto intelligente o logica sia, eliminerà questa contraddizione.

Domanda: Comprendo le limitazioni della mia mente, tuttavia non capisco perché la cosa dovrebbe essere così paradossale e ambigua. Come fa la distanza a essere nulla e infinita allo stesso tempo?

Amma: Innanzitutto, figlia, non hai capito le limitazioni della tua mente. Comprendere davvero la piccolezza della mente significa in verità comprendere la grandezza di Dio, del Divino. La mente è un grande fardello. Quando te ne renderai davvero conto, comprenderai l'inutilità di trasportare questo enorme fardello chiamato mente. Non potrai più reggerlo. Questa realizzazione ti aiuterà a lasciarlo andare.

Figlia, finché continui a ignorare la divinità interiore, la distanza è infinita. Tuttavia, nel momento in cui si verifica l'illuminazione, ci sarà anche la realizzazione che non c'è mai stata alcuna distanza.

Domanda: Per l'intelletto è impossibile comprendere l'intero processo.

Amma: Figlia, questo è un buon segno. Perlomeno sei d'accordo sul fatto che l'intelletto non può comprendere questo cosiddetto processo.

Domanda: "Cosiddetto"? Vuoi dire che un tale processo non esiste?

Amma: Esattamente. Prendiamo l'esempio di un uomo cieco dalla nascita. Ha qualche conoscenza della luce? No, il poveretto ha soltanto familiarità con l'oscurità, un mondo completamente diverso da quello di chi ha il dono della vista.

Il dottore gli dice: "Potrai acquistare la vista se ti sottoponi a un trattamento. È necessaria una correzione chirurgica."

Se l'uomo sceglie di farsi operare seguendo il consiglio del dottore, l'oscurità scomparirà e apparirà la luce, non è vero? Dunque, da dove viene la luce? Dall'esterno? No, il vedente era sempre stato in attesa all'interno dell'uomo. In modo simile, quando correggiamo la nostra visione interiore attraverso le pratiche spirituali, sorgerà in noi la luce della pura conoscenza, che è già in attesa.

I metodi di Amma

I metodi di Amma sono unici. Le lezioni arrivano inaspettatamente, e hanno sempre un sapore eccezionale.

Durante il darshan del mattino, una signora partecipante al ritiro arrivò accompagnata da una donna che non ne faceva parte. Io mi accorsi della nuova arrivata e informai Amma. Ma Amma mi ignorò completamente e continuò a dare il darshan.

Io pensai: "Okay, Amma è impegnata. Ma io continuerò a tenere d'occhio questa intrusa." Quindi, durante i minuti successivi, sebbene il mio *seva* [servizio disinteressato] principale fosse tradurre per Amma le domande dei devoti, mi scelsi il seva aggiuntivo di tener d'occhio ogni movimento della donna che non faceva parte del ritiro. Continuava a restare incollata alla devota che l'aveva portata lì i miei occhi le seguivano ovunque andassero. Simultaneamente, facevo una cronaca diretta ad Amma sui loro movimenti. Sebbene non mi desse retta, lo consideravo comunque un mio dovere.

Non appena entrambe le donne entrarono nella fila delle priorità per il darshan, con eccitazione comunicai la notizia ad Amma, che tuttavia continuava a dare il darshan.

Nel frattempo, due devoti si avvicinarono a me. Indicando l'"intrusa", uno di loro disse: "Vede quella donna? È strana. L'ho sentita parlare. È molto negativa. Non penso sia saggio farla restare nella sala."

L'altro devoto aggiunse con tono serio: "Chieda ad Amma che cosa dobbiamo fare di lei – mandarla via?"

Dopo tanti sforzi, riuscii ad attirare l'attenzione di Amma che, infine, sollevò la testa e chiese: "Dov'è?"

Noi tre fummo felicissimi. Pensammo – o, per lo meno, io pensai – che Amma avrebbe presto pronunciato quelle due deliziose parole che eravamo tutti impazienti di udire: "Mandatela via."

Sentendo Amma chiedere: "Dov'è?", tutti e tre indicammo il punto in cui era seduta la signora. Adesso attendevamo ansiosamente il verdetto finale. Amma si voltò verso di noi e disse: "Chiamatela." Quasi ci scontrammo l'uno con l'altro nella fretta di farlo.

Non appena la donna fu vicina alla sedia del darshan, Amma allargò le braccia e, con un dolce sorriso sul volto, disse: "Vieni, figlia mia." La sconosciuta cadde spontaneamente tra le braccia di Amma. Sotto i nostri occhi, ella ricevette uno dei darshan più belli. Amma fece appoggiare la donna alla propria spalla e le accarezzò gentilmente la schiena. Poi, tenendole il viso tra le mani, Amma la guardò profondamente negli occhi. Le guance della donna erano rigate da lacrime che compassionevolmente Amma asciugò con le proprie mani.

Incapaci di controllare le nostre lacrime, i miei due 'colleghi' e io restammo in piedi dietro la sedia di Amma, il nostro umore completamente addolcito.

Non appena la donna se ne fu andata, Amma mi guardò e con un sorriso sul volto disse: "Quanta energia hai sprecato questa mattina!"

Colpito, guardai la piccola figura di Amma, mentre lei continuava a riversare beatitudine e benedizioni sui suoi figli. Ammutolito, in quel momento mi ricordai di un bel detto di Amma: "Amma è come un fiume. Semplicemente, scorre. Alcune persone vi si bagnano. Altre si dissetano bevendo la sua acqua. Ci sono persone che vengono a nuotare e a divertirsi nell'acqua. Altre ci sputano dentro. Qualsiasi cosa succeda, il fiume accetta tutto e scorre inalterato, abbracciando tutto ciò che si immerge in lui."

Questo fu per me un altro incredibile momento alla presenza di Amma, il Maestro supremo.

Nessuna verità nuova

Domanda: Amma, pensi che l'umanità abbia bisogno di una verità nuova a cui risvegliarsi?

Amma: L'umanità non ha bisogno di una nuova verità. È invece necessario vedere la Verità già esistente. La Verità è una sola, ed essa risplende sempre dentro ognuno di noi. Quell'unica e sola Verità non può essere né vecchia né nuova. È sempre la stessa, immutabile, sempre nuova. Chiedere una nuova verità è come un bambino della scuola materna che chiede all'insegnante: "Signorina, è da tanto tempo che ci dice che 2 più 2 fa 4. È una cosa vecchia. Perché non dice qualcosa di nuovo, ad esempio che 2 più 2 fa 5?" La Verità non si può cambiare. C'è sempre stata ed è sempre stata la stessa.

Questo nuovo millennio vedrà un grande risveglio spirituale, sia in oriente che in occidente. Questo, in verità, è il bisogno dell'epoca attuale. La sempre maggiore conoscenza scientifica acquisita dall'umanità deve condurci a Dio.

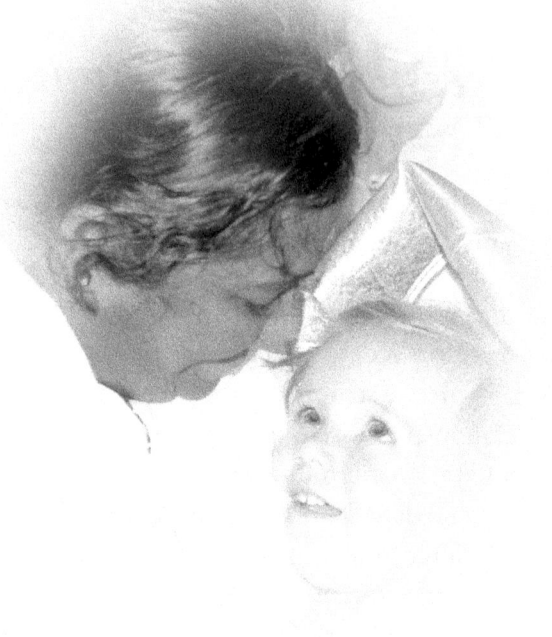

Verità

Domanda: Amma, che cos'è la Verità?

Amma: La Verità è ciò che è eterno e immutabile.

Domanda: La sincerità è Verità?

Amma: La sincerità è soltanto una qualità, non la realtà suprema della Verità.

Domanda: Questa qualità non è forse parte della Verità, della realtà suprema?

Amma: Sì, proprio come tutto è parte della realtà suprema della Verità, anche la sincerità lo è.

Domanda: Se tutto è parte della realtà suprema, allora non solo le buone qualità, ma anche quelle cattive vi fanno parte, non è vero?

Amma: Sì, ma tu, figlia, per il momento sei sulla terra e non hai ancora raggiunto quelle altezze. Immagina di prendere l'aereo per la prima volta. Finché non ti imbarchi, non hai alcuna idea di cosa significhi volare. Ti guardi attorno e vedi delle persone; parlano e gridano. Ci sono edifici, alberi, veicoli che si muovono, il suono di bambini che piangono, eccetera. Dopo un po' sali a bordo. Poi l'aereo decolla e lentamente si solleva sempre più in alto. A quel punto, quando guardi giù, vedi ogni cosa diventare sempre più piccola e divenire gradualmente un tutt'uno. Infine tutto scompare e sei circondata dallo spazio infinito.

In modo analogo, figlia mia, tu sei sulla terra, non hai ancora preso il volo. Devi accettare, assorbire e mettere in pratica le buone qualità e rifiutare quelle cattive. Una volta che avrai raggiunto le vette della realizzazione, allora farai l'esperienza dell'Unità di ogni cosa.

Un consiglio in una frase sola

Domanda: Amma, puoi darmi in una frase sola un consiglio per la pace della mente?

Amma: Permanente o temporanea?

Domanda: Permanente, è ovvio.

Amma: Allora, trova il tuo Sé [l'*Atman*].

Domanda: È troppo difficile da capire.

Amma: Va bene, allora, ama tutti.

Domanda: Sono due risposte diverse?

Amma: No, soltanto le parole sono diverse. Trovare il proprio Sé e amare tutti allo stesso modo sono praticamente la stessa cosa; sono interdipendenti. *(Ridendo)* Figlio, è già più di una frase.

Domanda: Scusami, Amma. Sono stupido.

Amma: Va tutto bene, non preoccuparti. Ma vuoi continuare?

Domanda: Sì, Amma. Pace, amore e vera felicità si sviluppano insieme alla nostra *sadhana* [pratiche spirituali]? O ne sono soltanto il risultato finale?

Amma: Entrambe le cose. Tuttavia, soltanto quando riscopriremo il Sé interiore il cerchio si completerà e ne conseguirà una pace perfetta.

Domanda: Cosa intendi dire con "il cerchio"?

Amma: Il cerchio della nostra esistenza esteriore e interiore, lo stato di perfezione.

Domanda: Ma le Scritture dicono che è già completo. È già un cerchio. Se lo è già, non ha senso volerlo completare.

Amma: Certo, è un cerchio perfetto. Ma la maggior parte della gente non se ne rende conto. Per loro, c'è uno spazio da colmare. Ed è nel tentativo di colmare questo vuoto che ogni essere umano corre di qua e di là in nome di varie esigenze, richieste e desideri.

Domanda: Amma, ho sentito dire che nello stato di realizzazione suprema non esiste differenza tra esistenza interiore ed esteriore.

Amma: Sì, ma questa esperienza è soltanto di coloro che sono stabili in quello stato.

Domanda: Comprendere intellettualmente quello stato mi aiuterà?

Amma: Aiuterà a far cosa?

Domanda: Aiuterà ad averne un assaggio.

Amma: No, una comprensione intellettuale gratificherà solo l'intelletto e anche questa soddisfazione non è che temporanea. Ti potrà sembrare di aver capito, ma presto avrai altri dubbi e domande. La tua comprensione è basata solamente su parole e spiegazioni limitate che non possono darti l'esperienza dell'illimitato.

Domanda: Allora, qual è la via migliore?

Amma: Lavora sodo finché giungi all'abbandono.

Domanda: Che cosa intendi con "lavorare sodo"?

Amma: Amma intende compiere pazientemente *tapas* [austerità]. Soltanto attraverso le tapas sarai in grado di rimanere nel presente.

Domanda: Tapas significa sedere continuamente e meditare per molte ore?

Amma: Questa è solo una parte. Quando ogni nostra azione e pensiero ci aiutano a diventare una cosa sola con Dio, ecco le vere tapas.

Domanda: Che cosa vuol dire esattamente?

Amma: La tua vita viene offerta per giungere a realizzare Dio.

Domanda: Sono un po' confuso.

Amma: *(sorridendo)* Non un po' – sei molto confuso.

Domanda: Hai ragione. Ma perché?

Amma: Perché pensi troppo alla spiritualità e allo stato al di là della mente. Smetti di pensare e usa quell'energia per fare tutto il possibile. È questo che ti darà l'esperienza – o per lo meno un assaggio – di quella realtà.

Necessità di una routine

Domanda: Amma, tu dici che si deve mantenere una disciplina quotidiana, una routine, e rispettarla il più possibile. Però, Amma, io ho un figlio piccolo. E se mio figlio piange quando sto per meditare?

Amma: È molto semplice. Prima prenditi cura di tuo figlio, e poi medita. Se scegli di meditare senza prestare attenzione al bambino, allora mediterai soltanto su di lui e non sul Sé, o Dio.

Negli stadi iniziali, seguire una routine, con orari precisi, è indubbiamente di beneficio. Inoltre, un vero *sadhak* [aspirante spirituale] dovrebbe essere sempre disciplinato, giorno e notte.

Alcune persone hanno l'abitudine di bere il caffè non appena si alzano. Se un giorno non lo bevono in orario, si sentono a disagio. La cosa potrebbe anche rovinare loro l'intera giornata, causando mal di stomaco, stitichezza e mal di testa. In modo simile, la meditazione, la preghiera e la recitazione del *mantra* [sillabe sacre] dovrebbero diventare parte integrante della vita di un sadhak. Se vi capitasse di saltare un giorno, dovreste essere in grado di sentirne l'effetto in modo marcato, e dovrebbe sorgere in voi il desiderio di non saltarlo mai più.

Lo sforzo personale

Domanda: Amma, alcune persone sostengono che, poiché la nostra vera natura è l'*Atman* [il Sé], non è necessario compiere pratiche spirituali. Esse dicono: "Io sono Quello, la coscienza assoluta; a cosa mi serve compiere una *sadhana* [serie di pratiche spirituali] se io sono già Quello?" Pensi che persone di questo tipo siano sincere?

Amma: Amma non vuole esprimersi sulla loro sincerità. Tuttavia, lei crede che queste persone o fingono di essere così, o sono completamente illuse, oppure pigre. Amma si chiede se queste persone direbbero: "Non ho bisogno di mangiare o di bere perché io non sono il corpo."

Immaginiamo di condurle in sala da pranzo, dove su un tavolo sono state sistemate con cura tante pietanze. Ma invece di un pasto sontuoso, su ogni piatto c'è solo un foglio di carta con su scritto "riso", o "verdure al vapore", o "budino" e così via. Queste persone saranno in grado di immaginare di aver mangiato a sazietà e di avere completamente placato la loro fame?

L'albero è latente nel seme. Ma se il seme ragiona in modo egocentrico e pensa: "Non voglio inchinarmi alla terra. Io sono un albero. Non ho bisogno di penetrare sotto questo sporco terriccio", il seme non germoglierà mai e non diventerà mai un albero in grado di fornire frutta e ombra agli altri. Non succederà niente solo per il fatto che il seme pensi di essere un albero, continuerà a rimanere un seme. Quindi, siate dei semi, disposti tuttavia a cadere al suolo e a sprofondare nella terra. A quel punto essa si prenderà cura di voi.

La grazia

Domanda: Amma, la grazia è il fattore decisivo?

Amma: La grazia è il fattore che concede alle tue azioni il risultato giusto al momento giusto e nella giusta proporzione.

Domanda: Anche se ci si dedica completamente al proprio lavoro, il risultato dipenderà da quanta grazia si riceve?

Amma: La dedizione è l'aspetto essenziale. Più sei dedito, più rimani aperto. Più sei aperto, più amore provi. Più amore provi, più grazia ricevi.

Grazia significa apertura. È la forza spirituale e la visione intuitiva di cui fai l'esperienza mentre compi un'azione. Rimanendo aperto a una particolare situazione, lasci andare l'ego e le prospettive ristrette. Ciò trasforma la tua mente in un canale migliore, attraverso cui può scorrere la *shakti* [energia divina]. Questo flusso di shakti e la sua espressione nelle nostre azioni è grazia.

Qualcuno può essere un fantastico cantante. Ma quando si esibisce sul palcoscenico, deve permettere alla shakti della musica di scorrere attraverso di lui. Ciò porterà con sé la grazia e lo aiuterà a trasportare tutto il pubblico.

Domanda: Dov'è la sorgente della grazia?

Amma: La vera sorgente della grazia è all'interno. Tuttavia, finché non ce ne renderemo conto, sembrerà provenire dall'aldilà.

Domanda: Aldilà?

Amma: Aldilà significa l'origine, che nel vostro attuale stato mentale vi è ignota. Quando un cantante canta col cuore, è in contatto con il divino, con l'aldilà. Da dove proviene la musica che commuove l'anima? Potresti rispondere "dalla gola o dal cuore" Ma se guardi all'interno la trovi? No, perché viene dall'aldilà. Quella sorgente, in verità, è il divino. Soltanto quando si verificherà la realizzazione finale, scoprirai quella sorgente dentro di te.

Sannyasa: al di là delle categorie

Domanda: Cosa significa essere un vero *sannyasi* [monaco che ha preso i voti formali di rinuncia]?

Amma: Un vero sannyasi è colui che ha trasceso tutte le limitazioni create dalla mente. Al momento attuale siamo ipnotizzati dalla mente. Nello stato di *sannyasa* [voto formale di rinuncia], diventeremo completamente liberi dalla morsa di questa ipnosi e ci risveglieremo come da un sogno – come un ubriaco che torna alla sobrietà.

Domanda: Sannyasa significa anche raggiungere la Divinità?

Amma: Amma preferisce metterla in questo modo: sannyasa è uno stato in cui si è in grado di vedere e adorare tutto il Creato come Dio.

Domanda: L'umiltà è una qualità di un vero sannyasi?

Amma: I veri sannyasi non possono essere etichettati. Sono al di là. Se dici che il tal dei tali è molto semplice e umile, c'è comunque "qualcuno" che si sente semplice e umile. Nello stato di sannyasa, quel "qualcuno", che è l'ego, scompare. Normalmente, l'umiltà è l'opposto dell'arroganza. L'amore è l'opposto dell'odio. Ma un sannyasi non è né umile né arrogante – non è né amore né odio. Chi ha raggiunto il vero sannyasa ha trasceso ogni cosa. Non ha più niente da perdere o da guadagnare. Quando definiamo "umile" un vero sannyasi, non vogliamo indicare solo assenza di arroganza, ma anche assenza di ego.

Qualcuno chiese a un *Mahatma* [Grande Anima]: "Chi sei?"

"Io non sono", rispose.

"Sei Dio?"

"No, non lo sono."

"Sei un santo, o un saggio?"

"No, non lo sono."

"Sei un ateo?"

"No, non lo sono."

"Allora chi sei?"

"Sono ciò che sono. Sono pura consapevolezza."

Sannyasa è lo stato di pura consapevolezza.

Un gioco divino tra le nuvole

Scena I. Il volo dell'Air India per Dubai è appena decollato. Il personale di bordo si sta preparando a servire delle bibite. All'improvviso, uno dopo l'altro, tutti i passeggeri si alzano dal loro posto e si muovono in processione verso la sezione di Business Class. Non capendo cosa stia succedendo, l'equipaggio stupito chiede a tutti di ritornare ai loro posti. Vedendo che la richiesta è inefficace, infine implorano tutti di cooperare fino a che non sia stato servito il cibo.

"Vogliamo il darshan di Amma!", gridano i passeggeri.

"Abbiamo capito", risponde l'equipaggio. "Aspettate finché non avremo finito di servire."

I passeggeri infine cedono alle richieste dall'equipaggio e tornano ai rispettivi posti.

Scena II. Il servizio è finito. Le hostess diventano temporaneamente monitor della fila e controllano la coda del darshan, che si snoda lentamente verso il sedile di Amma. A causa del breve preavviso, non sono stati preparati i biglietti con i numeri. Nonostante ciò, il personale di volo fa un buon lavoro.

Scena III. Avendo ricevuto il darshan di Amma, i passeggeri hanno un'aria felice e rilassata, e tornano ai loro posti. Adesso si mette in fila tutto l'equipaggio, inclusi il pilota e il copilota. Anche loro stavano aspettando il proprio turno. Tutti ricevono un abbraccio materno. E da Amma ricevono anche dei sussurri, colmi di amore e di grazia, un sorriso radioso indimenticabile e una caramella come *prasad* [dono benedetto].

Scena IV. La stessa cosa succede sul volo di ritorno.

Simpatia e compassione

Domanda: Amma, cos'è la vera compassione?

Amma: La vera compassione è la capacità di vedere e conoscere ciò che è al di là. Soltanto coloro che hanno la capacità di vedere al di là sono in grado di offrire un vero aiuto e di elevare gli altri.

Domanda: Al di là di cosa?

Amma: Al di là del corpo e della mente, al di là dell'apparenza esteriore.

Domanda: Quindi, Amma, qual è la differenza tra la simpatia e la compassione?

Amma: La compassione è il vero aiuto che ricevi da un Maestro realizzato. Il Maestro vede oltre. La simpatia, invece, è un aiuto temporaneo che ricevi dalle persone che ti stanno attorno. E la simpatia non può penetrare sotto la superficie e andare oltre. La compassione è la giusta comprensione unita a una conoscenza più profonda della persona, della situazione e di ciò di cui lui o lei ha davvero bisogno. La simpatia è più superficiale.

Domanda: Come si fa a distinguere tra le due?

Amma: È difficile. Comunque Amma ti farà un esempio. È piuttosto comune che i chirurghi dicano ai pazienti di cominciare ad alzarsi e camminare un paio di giorni dopo l'intervento, anche se ciò è difficile. Se il malato è riluttante, un buon dottore, che conosce le conseguenze, lo costringerà ad alzarsi dal letto e a camminare. Vedendo il dolore e la fatica del paziente, i suoi parenti potranno commentare: "Che medico crudele! Perché lo costringe a camminare se non se la sente? Sta esagerando."

In questo esempio, l'atteggiamento dei parenti può essere definito simpatia e quello del medico compassione. In questo caso, chi sta aiutando davvero il malato – il dottore o i parenti? Se il paziente pensa: "Questo dottore è un buono a nulla. Dopotutto, chi è lui per darmi ordini? Che cosa sa di me? Che parli pure, non lo ascolterò", un atteggiamento simile non gli sarà d'aiuto.

Domanda: La simpatia può danneggiare una persona?

Amma: Se non facciamo attenzione e offriamo la nostra simpatia senza comprendere gli aspetti sottili di una determinata situazione e la costituzione mentale di una persona, la cosa può essere dannosa. È pericoloso quando si dà troppa importanza a parole dette per simpatia. Può addirittura diventare un'ossessione, e rovinare gradualmente il potere di discernimento di una persona costruendole attorno un piccolo bozzolo. Magari si sente consolata, ma potrebbe non fare mai alcuno sforzo per uscire dalla propria situazione. Senza saperlo, potrebbe addentrarsi sempre più nelle tenebre.

Domanda: Amma, cosa intendi con "un piccolo bozzolo"?

Amma: Amma vuol dire che si perderà la capacità di analizzare se stessi e capire cosa sta davvero succedendo. Si darà troppa importanza alle parole degli altri e ci si fiderà ciecamente di loro senza utilizzare correttamente il proprio discernimento.

La simpatia è un amore superficiale che non conosce la vera radice del problema. La compassione, invece, è l'amore che vede la radice del problema e lo affronta nel modo corretto.

Il vero amore è lo stato di totale assenza di paura

Domanda: Amma, cos'è il vero amore?

Amma: Il vero amore è lo stato di totale assenza di paura. La paura è parte integrante della mente. Quindi, la paura e un amore genuino non possono coesistere. Quando la profondità dell'amore aumenta, l'intensità della paura lentamente diminuisce.

La paura può esistere soltanto quando ci si identifica con il corpo e con la mente. Trascendere le debolezze della mente e vivere nell'amore sono due qualità divine. Più amore hai, più il divino è espresso dentro di te. Meno amore hai, più paura hai e più ti sposti dal centro della vita. L'assenza di paura, in verità, è una delle più grandi qualità di chi ama davvero.

Norme e restrizioni

Domanda: Amma, coltivare la purezza e altri valori morali è considerato importante nella vita spirituale. Secondo alcuni guru New Age, invece, non sarebbe necessario. Qual è la tua opinione a riguardo?

Amma: È verissimo che i valori morali hanno un ruolo essenziale nella vita spirituale. Qualsiasi sentiero, che sia spirituale o materiale, ha certe norme e restrizioni da seguire. A meno che le condizioni prescritte non vengano rispettate, sarà difficile raggiungere i risultati desiderati. Più sottile è il frutto finale, più arduo è il sentiero che vi conduce. La realizzazione spirituale è la più sottile di tutte le esperienze, quindi le regole che occorre osservare sono le più rigorose. Un malato non può mangiare o bere tutto quello che desidera. A seconda della malattia, ci saranno restrizioni sulla dieta; se non vengono osservate, la guarigione può risultarne compromessa. Se il paziente non segue le prescrizioni, le sue condizioni possono addirittura peggiorare. È saggio da parte del malato chiedere: "Devo davvero ubbidire a tutte queste regole?" Ci sono musicisti che si esercitano 18 ore al giorno per raggiungere la perfezione nel loro strumento. Qualunque sia la tua area d'interesse – spiritualità, scienza, politica, sport o arte – il tuo successo e la tua ascesa in quel campo dipendono interamente dal modo in cui l'affronti, dalla quantità di tempo che trascorri a cercare sinceramente di raggiungere la meta e da quanto segui i princìpi essenziali necessari.

Domanda: Quindi, la purezza è la qualità di base necessaria per raggiungere la Meta?

Amma: Può essere la purezza. Possono essere l'amore, la compassione, il perdono, la pazienza o la perseveranza. Prendi una di queste qualità e mettila in pratica con la più grande fede e il più grande ottimismo; le altre qualità seguiranno automaticamente. L'obiettivo è trascendere le limitazioni della mente.

Amma, un'offerta al mondo

Domanda: Amma, cosa ti aspetti dai tuoi discepoli?

Amma: Amma non si aspetta niente da nessuno. Amma ha offerto se stessa al mondo. Una volta che sei diventato un'offerta, come fai ad aspettarti qualcosa da qualcuno? Tutte le aspettative nascono dall'ego.

Domanda: Ma, Amma, tu parli spesso di abbandono al Guru. Questa non è un'aspettativa?

Amma: È vero, Amma ne parla spesso, non perché si aspetti l'abbandono dai suoi figli, ma perché esso è il cuore della vita spirituale. Il Guru offre al discepolo tutto ciò che ha. Poiché un *Satguru* [Maestro che ha realizzato il Sé] è un'anima che si è completamente abbandonata, questo è ciò che la sua presenza offre e insegna ai discepoli. È qualcosa che accade spontaneamente. In base alla propria maturità e comprensione, il discepolo l'accetta o la rifiuta. Qualunque sia l'attitudine del discepolo, il Satguru continuerà a donare. Non può fare altrimenti.

Domanda: Cosa succede quando un discepolo si abbandona a un Satguru?

Amma: Come una lampada a olio accesa da un'altra lampada, anche il discepolo diventa una luce che guida il mondo. Anche il discepolo diventa un Maestro.

Domanda: Che cosa aiuta di più in questo processo? La forma del Maestro o il suo aspetto senza-forma?

Amma: Entrambe. La coscienza senza-forma ispira il discepolo attraverso la forma del Satguru che incarna amore, compassione e abbandono.

Domanda: Il discepolo si abbandona alla forma del Maestro o alla coscienza priva di forma?

Amma: Inizialmente, l'abbandono è alla forma fisica, ma poi il discepolo finisce per abbandonarsi alla coscienza senza-forma: ciò accade nel momento in cui realizza il proprio Sé. Nelle prime fasi della *sadhana* [pratiche spirituali], quando il discepolo si abbandona alla forma del Maestro, in verità si sta abbandonando alla coscienza senza-forma, senza però esserne consapevole.

Domanda: Perché?

Amma: Perché i discepoli conoscono soltanto il corpo; la coscienza è loro completamente sconosciuta.

Come espressione di gratitudine, un vero discepolo continuerà a venerare la forma del Guru per aver riversato la propria grazia su di lui e avergli indicato la via.

La forma del Satguru

Domanda: Puoi spiegare in modo semplice la natura della forma fisica di un *Satguru* [Maestro che ha realizzato il Sé]?

Amma: Un Satguru è sia con forma che senza-forma, come il cioccolato. Nel momento in cui lo metti in bocca, si scioglie e diventa senza forma; diventa parte di te. In modo analogo, quando assorbirai davvero gli insegnamenti del Maestro e li farai diventare parte della tua vita, realizzerai che il Maestro è la coscienza suprema senza-forma.

Domanda: Quindi dovremmo mangiarci Amma?

Amma: Sì, mangiate Amma se potete. Lei è dispostissima a diventare cibo per la vostra anima.

Domanda: Amma, grazie per l'esempio del cioccolato. Me l'hai fatto capire proprio bene, perché io adoro il cioccolato.

Amma *(ridendo)*: Ma non innamorartene, perché ti farà male alla salute.

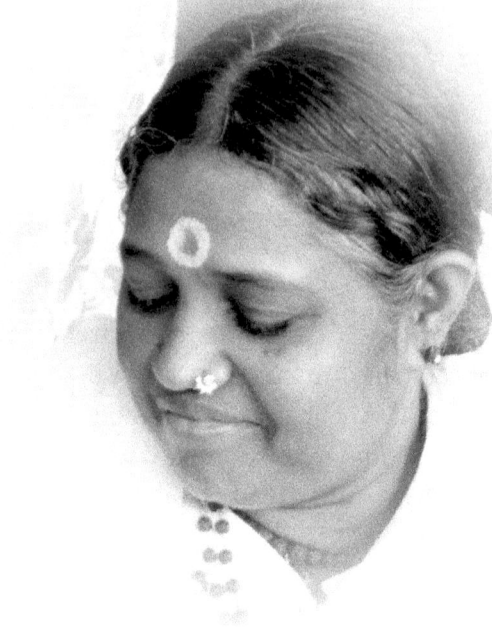

Discepoli perfetti

Domanda: Che cosa si ottiene diventando un discepolo perfetto?

Amma: Si diventa un Maestro perfetto.

Domanda: Come descrivi te stessa?

Amma: Senz'altro non come qualcosa.

Domanda: E allora?

Amma: Come nulla.

Domanda: Significa tutto?

Amma: Significa che Amma è sempre presente e disponibile per tutti.

Domanda: "Tutti" significa tutti quelli che vengono da te?

Amma: "Tutti" significa chiunque sia aperto.

Domanda: Questo significa che Amma non è disponibile per coloro che non sono aperti?

Amma: La presenza fisica di Amma è disponibile per tutti, che loro l'accettino o meno. Ma l'esperienza è disponibile soltanto per coloro che sono aperti. Il fiore è lì, ma la bellezza e il profumo saranno sperimentati soltanto da chi è aperto. Una persona con il naso tappato non può farne l'esperienza. In modo simile, i cuori chiusi non possono fare l'esperienza di ciò che offre Amma.

Il Vedanta e il Creato

Domanda: Amma, ci sono alcune teorie contrastanti a proposito del Creato. Coloro che seguono il sentiero della devozione dicono che Dio ha creato il mondo, mentre i *Vedantini* [non-dualisti] sono dell'opinione che ogni cosa è una creazione della mente e che quindi continui a esistere soltanto finché esiste la mente. Qual è il punto di vista corretto?

Amma: Sono giusti entrambi. Mentre un devoto considera il Signore Supremo come il Creatore del mondo, il Vedantino considera *Brahman* [l'Assoluto senza-forma] come il principio che fa da substrato a questo mondo che cambia. Per il Vedantino, il mondo è una proiezione della mente, mentre per il devoto è il *lila* [gioco divino] del suo Amato Signore. Queste possono sembrare due prospettive completamente diverse, ma se scendi in profondità ti accorgerai che sono praticamente la stessa cosa. Nomi e forme sono associati alla mente. Quando la mente cessa di esistere, anche il nome e la forma scompaiono. Il mondo, o il Creato, consiste di nomi e di forme. Un Dio, o un Creatore, ha significato soltanto quando esiste il Creato. Persino Dio ha un nome e una forma. Perché il mondo dei nomi e delle forme possa venire in esistenza, è necessaria una causa corrispondente – e questa causa la chiamiamo Dio.

Il vero *Vedanta* [filosofia induista del non-dualismo] è il genere di conoscenza più elevato. Amma non si riferisce al Vedanta nella forma di testi delle Scritture, o al Vedanta di cui parlano i cosiddetti Vedantini. Amma parla del Vedanta come esperienza suprema, modo di vivere, equanimità mentale in tutte le situazioni della vita.

Tuttavia, ciò non è facile. A meno che non si verifichi una trasformazione, tale esperienza non avrà luogo. È questo cambiamento rivoluzionario a livello mentale e intellettuale a rendere la mente sottile, espansa e potente. Più sottile ed espansa è la mente, più diventa una "non-mente". Gradualmente essa scompare. Quando non c'è la mente, dov'è Dio e dov'è il mondo, o il Creato? Questo non significa che il mondo scomparirà dalla tua vista, ma che accadrà una trasformazione e tu riconoscerai l'Uno nella molteplicità.

Domanda: Vuol dire che in quello stato anche Dio è un'illusione?

Amma: Sì, dal punto di vista supremo, anche un Dio con forma è un'illusione. Tuttavia, dipende dalla profondità della tua esperienza interiore. Ad ogni modo, è scorretto l'atteggiamento dei cosiddetti Vedantini che in modo egocentrico ritengono insignificanti persino le forme degli dèi e delle dee. Ricordati, in questo sentiero l'ego non sarà mai d'aiuto. Solo l'umiltà lo è.

Domanda: Questo lo capisco. Amma, però hai anche detto che da una prospettiva suprema un Dio con forma è un'illusione. Stai quindi affermando che le varie forme di dèi e dee sono soltanto una proiezione della mente?

Amma: In ultima analisi lo sono. Tutto ciò che è perituro non è reale. Tutte le forme, persino quelle degli dèi e delle dee, hanno un inizio e una fine. Ciò che nasce e muore è mentale; è associato con il processo del pensiero. E tutto ciò che è associato alla mente è soggetto al cambiamento, perché esiste nel tempo. L'unica verità immutabile è ciò che rimane sempre, il substrato della mente e dell'intelletto. Questo è l'*Atman* [il Sé], lo stato supremo dell'esistenza.

Domanda: Se perfino le forme di dèi e dee sono irreali, a cosa serve costruire templi e venerare gli dèi?

Amma: No, non hai capito la questione. Non puoi semplicemente rifiutare gli dèi e le dee. Per le persone che si identificano con la mente e non hanno ancora raggiunto lo stato supremo, tali forme sono davvero reali e molto necessarie per la loro crescita spirituale. Sono di grandissimo aiuto.

Il governo di una nazione consiste di vari dipartimenti e sezioni. A partire dal Presidente e dal Primo Ministro, ci sono molti ministri, e sotto di loro tanti altri funzionari e dipartimenti, fino ad arrivare agli attendenti e agli spazzini.

Immagina di aver bisogno di qualcosa dallo Stato. Ti recherai direttamente dal Presidente o dal Primo Ministro, se li conosci e hai accesso a loro. Questo ti renderà le cose più facili. La tua richiesta, qualunque essa sia, verrà immediatamente soddisfatta.

Ma la maggior parte delle persone non hanno né un contatto diretto né conoscenze influenti. Per ottenere qualcosa o per avere accesso ad alte autorità, dovranno ricorrere alla procedura normale – contattare uno dei funzionari o dei dipartimenti minori, a volte addirittura un attendente. In modo analogo, finché siamo al livello fisico dell'esistenza e ci identifichiamo con la mente e i suoi pensieri, dobbiamo accettare e riconoscere le varie forme di divinità, fino a quando non stabiliremo un legame diretto con la sorgente interiore di pura energia.

Domanda: Ma i Vedantini generalmente non sono d'accordo con questo modo di vedere.

Amma: Di quali Vedantini parli? Un Vedantino topo di biblioteca che ripete le Scritture come un pappagallo addestrato o come un registratore magari non sarà d'accordo, ma un vero Vedantino lo sarà senz'altro. Un Vedantino che non accetti il mondo e il sentiero devozionale non è un autentico Vedantino. Il vero Vedanta consiste nell'accettare il mondo e riconoscere la molteplicità, vedendo contemporaneamente l'unica Verità nella molteplicità.

Un Vedantino che consideri inferiore il sentiero dell'amore non è né un Vedantino né un aspirante spirituale genuino. I veri Vedantini non possono compiere le loro pratiche spirituali senza amore.

La forma ti condurrà al senza-forma, sempre che tu svolga le tue pratiche spirituali con l'atteggiamento giusto. *Saguna* [con forma] è *nirguna* [senza-forma] manifesto. Se non si comprende questo semplice principio, a cosa serve definirsi Vedantini?

Domanda: Amma, hai detto che un devoto vede il mondo come il lila di Dio. Che cosa vuol dire lila?

Amma: Lila è una parola che indica il distacco supremo. Si dice lila lo stato finale di *sakshi* [testimonianza], in cui non si esercita alcuna forma di controllo sugli avvenimenti. Quando rimaniamo completamente distanziati dalla mente e dalle sue proiezioni, come facciamo a provare un qualsiasi attaccamento o a voler esercitare un qualche controllo? Osservare senza farsi coinvolgere da tutto ciò che accade all'interno e all'esterno è un gran divertimento, un bellissimo gioco.

Domanda: Abbiamo sentito dire che la ragione per cui hai smesso di manifestare il Krishna Bhava[1] è che in quella circostanza tu eri in quel lila.

Amma: Questa è stata una delle ragioni. Krishna era distaccato. Partecipava attivamente a ogni cosa, ma rimaneva completamente distaccato, lontano interiormente da tutto ciò che succedeva intorno a Lui. Questo è il significato del dolce sorriso che Krishna aveva sempre sul suo bellissimo volto.

Durante il Krishna Bhava, sebbene Amma ascoltasse i problemi dei devoti, aveva sempre un atteggiamento più gioioso e distaccato verso di loro. In quello stato non c'era né amore né assenza di amore, né compassione né assenza di compassione. L'affetto e l'attaccamento materni necessari per tenere in considerazione i sentimenti dei devoti ed esprimere profonda partecipazione non erano espressi. Era uno stato trascendentale. Amma pensò che esso non sarebbe stato di molto aiuto ai devoti. Così decise di amare e servire i suoi figli come una madre.

---

[1] Originariamente, Amma manifestava sia il Krishna Bhava che il Devi Bhava, ma interruppe il Krishna Bhava nel 1983.

"Sei felice?"

Domanda: Amma, ti ho sentito chiedere alle persone che vengono al darshan: "Happy?" Perché glielo chiedi?

Amma: È come un invito a essere felici. Se sei felice, sei aperto, e così l'amore di Dio, o la *shakti* [energia divina], può penetrare in te. Quindi, in verità, Amma sta dicendo alla persona di essere felice, in modo che la shakti di Dio possa entrare in lei. Quando sei felice, quando sei aperto e ricettivo, avrai accesso a una felicità sempre maggiore. Quando sei infelice, sei chiuso e ti perdi tutto. Se sei aperto sei felice. Così attirerai Dio in te. E quando custodisci Dio in te, puoi solo essere felice.

Un grande esempio

Il giorno che arrivammo a Santa Fe, piovigginava. "A Santa Fe succede sempre. Dopo una lunga siccità, quando arriva Amma, piove", disse il responsabile dell'Amma Center del Nuovo Messico.

Era tardi quando infine arrivammo alla casa presso cui saremmo stati ospitati. Amma uscì lentamente dalla macchina. Non appena scese dall'auto, il responsabile le offrì i sandali, e poi si diresse verso la parte anteriore della vettura, sperando di accompagnarla verso la casa.

Amma fece qualche passo verso la parte anteriore dell'automobile ma poi, all'improvviso, si voltò dicendo: "No, ad Amma non piace passare davanti all'auto, quello è il suo volto. È irrispettoso passarle davanti. Amma non se la sente." Così dicendo, Amma fece il giro intorno alla parte posteriore e si diresse verso la casa. Questa non è stata l'unica volta che Amma si è comportata così. Lo fa ogni qualvolta scende da un'auto.

Non c'è esempio più grande di come il cuore di Amma fluisca verso ogni cosa, persino verso gli oggetti inanimati.

Relazioni

Mentre stava ricevendo il darshan, un uomo si voltò verso di me e disse: "Per favore chieda ad Amma se devo smettere di uscire con le ragazze e di avere storie d'amore."

Amma: *(sorridendo maliziosamente)* Che cosa è successo, la tua ragazza è scappata con qualcun altro?

Domanda: *(alquanto stupito)* Come fai a saperlo?

Amma: Semplice – è una di quelle occasioni nella vita in cui si hanno pensieri simili.

Domanda: Amma, sono geloso dell'amicizia che la mia ragazza mantiene con il suo ex fidanzato.

Amma: È questa la ragione per cui vuoi smettere di uscire con le ragazze e di avere storie d'amore?

Domanda: Sono stufo e frustrato da questo tipo di eventi. Quando è troppo è troppo. Adesso voglio stare in pace e concentrarmi sul mio progresso spirituale.

Amma non chiese altro e continuò a dare il darshan. Dopo un po', l'uomo mi disse: "Mi chiedo se Amma abbia un consiglio da darmi." Amma sentì che lui mi parlava.

Amma: Figlio, Amma pensava che tu avessi già deciso cosa fare. Non hai detto che sei stufo di queste cose? D'ora in avanti vuoi condurre una vita pacifica, concentrandoti sulle tue pratiche spirituali, non è vero? Questa sembra la soluzione giusta. Quindi, procedi così e mettila in pratica.

L'uomo rimase in silenzio per un po', ma aveva un'aria irrequieta. A un certo punto Amma gli diede un'occhiata. In quello sguardo e in quel sorriso vidi il grande Maestro in Amma far roteare il leggendario bastone della zangola, pronto a rimescolare qualcosa e farlo venire in superficie.

Domanda: Questo vuol dire che Amma non ha niente da dirmi, giusto?

All'improvviso il poverino incominciò a piangere.

Amma: *(asciugandogli le lacrime)* Suvvia, figlio mio, qual è il tuo vero problema? Apriti e dillo ad Amma.

Domanda: Amma, l'ho incontrata un anno fa durante un tuo programma. Quando ci siamo guardati negli occhi, abbiamo capito che eravamo destinati a stare insieme. È cominciata così. Poi, all'improvviso, questo tipo – il suo *ex* ragazzo – si è messo in mezzo. Lei dice che è soltanto un amico, ma ci sono occasioni in cui dubito fortemente delle sue parole.

Amma: Cosa te lo fa pensare quando lei ti ha detto il contrario?

Domanda: La situazione è questa: adesso sia io che il suo ex siamo qui al programma di Amma. Lei passa più tempo con lui che con me. Io sono sconvolto. Non so cosa fare. Sono depresso. È diventato difficile per me concentrarmi su Amma, che è la ragione per cui sono qui. Le mie meditazioni non hanno la stessa intensità, e non riesco nemmeno a dormire bene.

Amma: *(scherzando)* Sai una cosa? Magari lui le fa i complimenti e le dice: "Mia cara, sei la donna più bella del mondo. E dopo aver incontrato te non riesco nemmeno a pensare a un'altra." Magari lui le dimostra più amore, la lascia parlare e rimane in silenzio persino quando si sente provocato. Oltretutto, forse le compra un sacco di cioccolatini! Al contrario di quello che pensa di lui, la tua ragazza forse ti considera un prepotente che la critica sempre, che litiga con lei e così via.

Sentendo queste parole, l'uomo e i devoti seduti vicino ad Amma si fecero una sonora risata. Tuttavia l'uomo fu abbastanza onesto da confessare di essere, più o meno, come Amma aveva descritto.

Amma: *(accarezzandogli la schiena)* Provi molto odio e rabbia verso di lei?

Domanda: Sì. Ma provo ancora più rabbia verso di lui. La mia mente è così agitata!

Amma gli toccò una mano. Era bollente.

Amma: Dov'è lei adesso?

Domanda: Da qualche parte qui intorno.

Amma: Vai a parlarle.

Domanda: Adesso?

Amma: Sì, adesso.

Domanda: Non so dov'è.

Amma: Vai a cercarla.

Domanda: Sì, va bene. Ma devo trovare prima lui, perché lei sarà lì. Comunque, Amma, adesso dimmi: devo continuare o finire questa relazione? Pensi che questo rapporto possa essere salvato?

Amma: Figlio, Amma sa che tu sei ancora attaccato a lei. La cosa più importante è che tu ti convinca che questo sentimento che tu chiami amore non è amore, ma attaccamento. Soltanto questa convinzione ti aiuterà a uscire dalla condizione mentale agitata in cui ti trovi. Che tu riesca o meno a salvare il rapporto, se non sei in grado di distinguere chiaramente tra attaccamento e amore, continuerai a soffrire.

Amma ti racconterà una storia. Un giorno un alto funzionario fece visita a un manicomio. Il dottore lo portò in giro per un'ora. In una delle celle trovò un paziente che ripeteva "Pumpum... Pumpum... Pumpum...", dondolandosi sulla sedia. Il funzionario si informò sulle ragioni della sua malattia e chiese se ci fosse qualche legame tra il nome e la malattia.

Il medico replicò: "È una triste storia. Pumpum era la ragazza che amava. Lei l'ha lasciato ed è scappata con un altro. Da quel momento, è impazzito."

"Poverino", commentò il funzionario, e proseguì nella sua visita. Fu però sorpreso nel sentire un secondo paziente, seduto nella cella adiacente, ripetere: "Pumpum... Pumpum... Pumpum...", mentre picchiava continuamente la testa contro il muro. Voltandosi verso il dottore, il funzionario chiese sbalordito: "Che storia è questa? Com'è che questo paziente ripete lo stesso nome? C'è un qualche legame?"

"Sì, signore", rispose il medico. "Questo è colui che alla fine ha sposato Pumpum."

L'uomo scoppiò a ridere.

Amma: Senti, figlio mio, l'amore è come lo sbocciare di un fiore. Non puoi costringerlo ad aprirsi. Se apri un fiore con la forza, tutta la sua bellezza e il suo profumo andranno distrutti, e né tu né nessun altro ne trarrete beneficio. Invece, se gli permetti di sbocciare da solo, in modo naturale, potrai apprezzarne il dolce profumo e i petali colorati. Quindi, sii paziente e osserva te stesso. Sii come uno specchio e cerca di capire dove hai sbagliato e perché.

Domanda: Penso che la mia gelosia e rabbia avranno fine soltanto se sposo Dio.

Amma: Ecco, l'hai detto. Sii lo sposo di Dio. Soltanto l'unione con la verità spirituale ti permetterà di andare oltre e trovare vera pace e gioia.

Domanda: Mi aiuterai in questo processo?

Amma: L'aiuto di Amma è sempre disponibile. Devi soltanto accorgertene e prenderlo.

Domanda: Mille grazie, Amma. Mi hai già aiutato.

Che cosa fa un vero Maestro?

Domanda: Amma, che cosa fa un *Satguru* [Maestro che ha realizzato il Sé] a un discepolo?

Amma: Un Satguru aiuta il discepolo a vedere le proprie debolezze.

Domanda: In che modo questo aiuta il discepolo?

Amma: Vedere davvero significa rendersi conto e accettare. Una volta che il discepolo accetta le proprie debolezze, riuscirà a superarle più facilmente.

Domanda: Amma, quando dici "debolezze" ti riferisci all'ego?

Amma: La collera è una debolezza, la gelosia è una debolezza, l'odio, l'egoismo e la paura sono tutte debolezze. Sì, la radice di tutte queste debolezze è l'ego. La mente, con tutte le sue limitazioni e debolezze, è conosciuta come ego.

Domanda: Quindi, praticamente, stai dicendo che il compito di un Satguru è di lavorare sull'ego del discepolo.

Amma: Il compito di un Satguru è di aiutare il discepolo a rendersi conto di quanto è insignificante questo meschino fenomeno che va sotto il nome di ego. L'ego è come una fiamma che brucia in una piccola lampada a olio.

Domanda: Perché è importante sapere che l'ego è insignificante?

Amma: Perché non c'è niente di nuovo o degno di nota nell'ego. Quando c'è lo splendore del sole, perché ci si dovrebbe preoccupare di questa fiammella che può essere spenta in qualsiasi istante?

Domanda: Amma, ti spiace spiegarti meglio?

Amma: Tu sei il Tutto, il Divino. In confronto a questo, l'ego non è che una piccola fiamma. Quindi, da un lato il Satguru rimuove l'ego, mentre dall'altro ti concede il Tutto. Il Satguru ti eleva dalla condizione di mendicante a quella di imperatore, Imperatore dell'universo. Da una persona che riceve soltanto, il Satguru ti trasforma in qualcuno che dona, che dona ogni cosa a coloro che lo avvicinano.

Le azioni di un Mahatma

Domanda: È vero che qualsiasi cosa faccia un *Mahatma* [Grande Anima] ha un significato?

Amma: È meglio dire che ogni azione di un'anima realizzata ha un messaggio divino, un messaggio che trasmette i princìpi più profondi della vita. Tutto quello che fa, anche ciò che apparentemente è senza senso, comunica questo messaggio.

C'era una volta un Mahatma il cui lavoro consisteva nello spingere un grosso masso fino in cima a una montagna. Questo fu l'unico lavoro che fece fino al giorno della sua morte. Non si annoiava né si lamentava mai. La gente pensava che fosse pazzo, ma non lo era. A volte gli ci volevano diverse ore o anche giorni per spingere da solo un masso fino in cima alla montagna. E una volta che riusciva a farlo arrivare fino in cima, lo faceva rotolare giù. Guardando il masso rotolare dalla vetta fino ai piedi della montagna, il Mahatma batteva le mani e rideva come un bambino.

L'ascesa in qualsiasi campo d'azione richiede molto coraggio ed energia, ma basta un momento per distruggere tutto ciò che abbiamo guadagnato lavorando sodo. Questo è verissimo anche a proposito delle virtù. Questa Grande Anima non aveva alcun attaccamento allo sforzo sincero che aveva fatto per spingere il masso fin sulla cima e così riusciva a ridere come un bambino – la risata del distacco supremo. Probabilmente erano queste le lezioni che desiderava insegnare agli altri.

Gli uomini potranno interpretare e giudicare le azioni di un Mahatma. Questo avviene perché la loro mente non ha la sottigliezza necessaria per penetrare al di sotto della superficie. La gente ha delle aspettative, ma un vero Mahatma non può soddisfare le aspettative di nessuno.

Gli abbracci di Amma risvegliano

Domanda: Se qualcuno ti dicesse che può fare anche lui ciò che fai tu – abbracciare la gente – cosa risponderesti?

Amma: Sarebbe meraviglioso. Il mondo ha un bisogno sempre crescente di cuori compassionevoli. Amma sarebbe felice se un'altra persona prendesse in considerazione di servire l'umanità abbracciando la gente con vero amore e compassione, ritenendolo il proprio *dharma* [dovere]; un'Amma sola non può fisicamente abbracciare tutta la specie umana. Tuttavia, una vera madre non parla mai del sacrificio di sé che compie per i suoi figli.

Domanda: Amma, cosa succede quando abbracci le persone?

Amma: Quando Amma abbraccia le persone, non si verifica soltanto un contatto fisico. L'amore che Amma prova per tutto il Creato fluisce verso ogni persona che viene da lei. Questa pura vibrazione di amore purifica le persone, e le aiuta nel loro risveglio interiore e nella crescita spirituale.

Nel mondo d'oggi, uomini e donne hanno bisogno di risvegliarsi alle qualità materne. Gli abbracci di Amma servono a rendere la gente consapevole di questo bisogno universale.

L'amore è l'unico linguaggio compreso da tutti gli esseri viventi. È universale. Amore, pace, meditazione e *moksha* [liberazione] sono tutti universali.

Come trasformare il mondo in Dio

Domanda: Essendo un padre di famiglia, ho tanti obblighi e responsabilità. Quale dovrebbe essere il mio atteggiamento?

Amma: Che tu sia un padre di famiglia o un monaco, la cosa più importante è come guardi alla vita e rifletti su di essa e sulle esperienze che ti porta. Se il tuo atteggiamento è positivo e pieno di accettazione, vivi con Dio anche se vivi nel mondo. Così il mondo diventa Dio e tu senti la presenza di Dio in ogni istante. Ma un atteggiamento negativo porta il risultato opposto – e tu scegli di vivere con il diavolo. Un *sadhak* [aspirante spirituale] dovrebbe impegnarsi seriamente a conoscere la propria mente e le sue tendenze negative e sforzarsi costantemente di trascenderle.

Una volta qualcuno chiese a un *Mahatma* [Grande Anima]: "Mahatma, siete sicuro che andrete in paradiso dopo la morte?"

Il Mahatma replicò: "Sì, certo."

"Ma come fate a saperlo? Non siete ancora morto, e non sapete nemmeno cos'ha in mente Dio."

"Ascolta, è vero che non so cosa Dio abbia in mente, ma conosco la *mia* mente. Dovunque io sia, sono felice. Quindi, sarò felice e pieno di pace anche all'inferno", replicò il Mahatma. In verità, sono questa felicità e questa pace a costituire il paradiso. Tutto dipende dalla mente.

Il potere delle parole di Amma

Ho fatto quest'esperienza non una, ma centinaia di volte. Qualcuno mi fa una domanda o mi racconta un grave problema. Io cerco di rispondere alla domanda e di affrontare il problema in maniera molto logica e dettagliata.

Dopo aver espresso molti ringraziamenti e apprezzamenti la persona se ne va, apparentemente felice della mia soluzione, mentre io la guardo con un certo orgoglio. Tuttavia, dopo un po' vedo la stessa persona andare da un altro *swami* [monaco induista] e fare la stessa domanda – un chiaro segno che non è soddisfatta dei miei consigli. Ma la persona continua a soffrire.

Infine va da Amma. Amma risponde alla domanda in modo simile. Le parole sono le stesse, e a volte anche gli esempi. Ma nella persona si verifica un cambiamento improvviso. L'ombra del dubbio, della paura e del dolore svanisce completamente e il volto della persona si illumina. È una bella differenza. Spesso penso: "Qual è la differenza? Amma non dice niente di nuovo. Ma l'impatto è potente."

Prendete, per esempio, il seguente episodio. Mentre Amma stava servendo il pranzo durante un ritiro, una dottoressa indiana che viveva negli Stati Uniti da 25 anni si avvicinò a me e disse: "Questa è la prima volta che incontro Amma. Vorrei parlare con lei o con un altro swami."

La signora mi raccontò poi una storia molto toccante. Un paio di anni prima suo marito si era recato in pellegrinaggio sul Monte Kailash, nell'Himalaya. Lì, ebbe un attacco di cuore e morì sul colpo. La signora non riusciva a superare il dolore. Mi disse: "Sono arrabbiata con Dio. Dio è spietato." Io ascoltai la sua storia con tutta la partecipazione possibile.

Le parlai e cercai di convincerla che da un punto di vista spirituale la morte non è la fine e le raccontai diversi esempi che fa spesso Amma. A conclusione dei miei consigli, le dissi che, in verità, suo marito era stato davvero fortunato a esalare l'ultimo respiro nella sacra dimora del Signore Shiva. "Ha avuto una morte grandiosa", le ricordai.

Infine, quando se ne andò, la donna disse: "Grazie mille. Ma soffro ancora molto."

Il mattino dopo la signora venne al darshan. Prima che potessi raccontare la sua storia ad Amma, Amma la guardò profondamente negli occhi e le chiese: "Triste?"

Ovviamente Amma aveva sentito la sua profonda tristezza. Mentre io raccontavo la sua storia ad Amma, Amma teneva la donna stretta a sé, con tanto calore. Dopo qualche istante

Amma sollevò gentilmente il volto della donna e guardandola di nuovo profondamente disse: "La morte non è la fine; non è una distruzione totale. È l'inizio di una nuova vita." Aggiunse: "Tuo marito è stato fortunato. Amma lo vede felice e in pace, quindi non essere triste."

La signora all'improvviso smise di piangere; sul suo viso c'era molta più pace.

Quella sera, la rividi. Aveva un aspetto davvero sollevato. La signora mi disse: "Mi sento piena di pace. Amma mi ha davvero benedetta. Non so come ha fatto a portar via tutta la mia tristezza così all'improvviso." Più tardi, riflettendo su tutto ciò, feci ad Amma la seguente domanda: "Amma, perché le tue parole creano una tale trasformazione? Perché non è la stessa cosa quando parliamo noi?"

"Perché voi siete sposati al mondo e divorziati dal divino."

"Amma, la mente vuole altre spiegazioni. Ti prego, puoi elaborare ulteriormente questo punto?"

"Sposati al mondo significa 'identificati con la mente', e questo produce un attaccamento al mondo della molteplicità e ai suoi oggetti che vi tiene separati, o divorziati, dalla vostra natura divina interiore.

"È come uno stato ipnotico. Quando vi liberate dall'ipnosi che la mente esercita su di voi, dentro di voi avviene un divorzio. In quello stato siete ancora in grado di funzionare nel mondo, ma il vostro matrimonio interiore, l'unione con il Divino, vi aiuta a vedere la natura mutevole e irreale del mondo. Di conseguenza, acquisite il distacco e gli eventi non hanno più il potere di turbarvi. Non siete più ipnotizzati dal mondo e dai suoi oggetti. Questo è lo stato supremo della realizzazione del Sé, rendersi conto che questa unione, questo matrimonio con il mondo, non ha in sé alcuna verità. La verità consiste nel riunirsi con il divino e nel rimanervi eternamente sposati. Le *gopi* [le mogli dei pastori] di Vrindavan si consideravano le spose del Signore Krishna. Internamente erano sposate con Lui, il Divino, ed erano divorziate dal mondo."

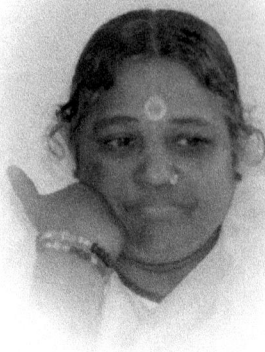

Scienziati e santi

A un devoto che ha fatto una domanda sui non credenti:

Amma: Non crediamo forse agli scienziati quando parlano della Luna e di Marte? Eppure, quanti di noi possono davvero confermare che quello che dicono è vero? Ciò nonostante ci fidiamo delle parole degli scienziati e degli astronomi, giusto? In modo analogo, i santi e i saggi del passato hanno dedicato anni a compiere esperimenti nei loro laboratori interiori e hanno realizzato la Verità suprema, che è il substrato dell'universo. Proprio come ci fidiamo delle parole di scienziati che parlano di fatti a noi sconosciuti, allo stesso modo dovremmo aver fede nelle parole dei grandi Maestri che ci parlano della Verità, in cui essi dimorano permanentemente.

Come trascendere i pensieri?

Domanda: Amma, sembra non esserci fine ai pensieri. Più meditiamo, più ne sorgono. Come mai? Come facciamo a eliminarli e a trascenderli?

Amma: I pensieri, che costituiscono la mente, sono in realtà inerti. Traggono il loro potere dall'*Atman* [il Sé]. I pensieri sono una nostra creazione, li rendiamo reali cooperando con loro. Se gli togliamo il nostro sostegno, si dissolvono. Osservate i pensieri con attenzione, senza giudicarli, e vedrete che gradualmente se ne andranno.

La mente sta accumulando pensieri e desideri da tempo immemorabile – attraverso i vari corpi con cui siete nati. Tutte queste emozioni sono sepolte nel vostro profondo. Quello che vedete o sperimentate sulla superficie della mente è soltanto una piccola porzione degli strati nascosti dormienti all'interno.

Quando cercate di fermare la mente con la meditazione, a poco a poco questi pensieri verranno in superficie. È come cercare di pulire un pavimento che non è stato lavato da tempo. Quando incominciamo il processo, più laviamo e più sporco viene in superficie, perché il pavimento ha accumulato sporcizia per anni. Accade lo stesso con la mente. In precedenza non facevamo mai attenzione ai vari pensieri che la attraversavano. Come il pavimento sporco, è da molto tempo che la mente sta raccogliendo pensieri, desideri ed emozioni. Noi siamo consapevoli soltanto di quelli più superficiali, ma sotto la superficie ci sono infiniti strati di pensieri ed emozioni. Proprio come pulendo il pavimento affiora altro sporco, così i pensieri diventano più evidenti quando la nostra meditazione diventa più profonda. Continuate a pulire e scompariranno.

In verità, è buona cosa se appaiono, perché una volta che li vedete e li riconoscete, è più facile eliminarli. Non perdete la pazienza. Siate persistenti e continuate a svolgere la vostra *sadhana* [pratiche spirituali]. A tempo debito, acquisirete la forza per trascenderli.

La violenza, la guerra e la soluzione

Domanda: Cosa possono fare le persone per mettere fine alla guerra e alla sofferenza?

Amma: Essere più compassionevoli e avere maggiore comprensione.

Domanda: Questa può non essere una soluzione immediata.

Amma: Una soluzione immediata è quasi impossibile. Anche la realizzazione di un programma a lungo termine potrebbe non funzionare.

Domanda: Ma questo non è ciò che vogliono gli amanti della pace. Vogliono una soluzione con effetto immediato.

Amma: Questo è un buon desiderio. Che questo desiderio di trovare una soluzione con effetto immediato continui a crescere fino a diventare una brama intensa. Soltanto da una brama così profonda nascerà una soluzione con effetto immediato.

Domanda: Molte persone orientate verso la spiritualità sono dell'opinione che la violenza esterna, o la guerra, siano solo una manifestazione della violenza interiore. Che cosa ne pensi?

Amma: È vero. Tuttavia bisogna capire che, proprio come la violenza è parte della mente umana, lo sono anche la pace e la felicità.

E se la gente lo vuole davvero, può trovare la pace sia all'interno che all'esterno. Perché la gente si concentra di più sull'aspetto negativo e distruttivo della mente? Perché trascura completamente la compassione infinita e le vette creative che quella stessa mente può raggiungere?

In verità, tutte le guerre non sono altro che il desiderio della mente di esprimere la propria violenza interiore. La mente ha un lato primitivo e sottosviluppato. La guerra è il risultato di questa parte primitiva. La natura bellicosa della mente è semplicemente un esempio di come non abbiamo ancora superato la nostra mente primitiva. A meno che essa non venga trascesa, nella società continueranno a manifestarsi guerre e conflitti. Il modo più salutare e appropriato di affrontare il problema della guerra e della violenza è cercare di superare questo aspetto della mente.

Domanda: La risposta è la spiritualità?

Amma: Sì, la spiritualità è la risposta – trasformare il nostro modo di pensare e superare le nostre debolezze e limitazioni mentali.

Domanda: Pensi che questo verrà accettato dalla gente di ogni fede?

Amma: Che la si accetti o meno, è la verità. La situazione attuale cambierà soltanto quando i leader religiosi prenderanno l'iniziativa di diffondere i princìpi spirituali della loro religione.

Domanda: Amma, pensi che il principio di base di tutte le religioni sia la spiritualità?

Amma: Non è che Amma lo pensi. Amma lo crede fermamente. È la verità.

La religione e i suoi princìpi essenziali sono stati fraintesi. In verità sono stati mal compresi. In ogni religione del mondo ci sono due aspetti: l'esteriore e l'interiore. Quello esteriore è la parte filosofica o intellettuale, e quello interiore è la parte spirituale. Chi è troppo attaccato alla parte esteriore della religione andrà fuori strada. Le religioni sono soltanto degli indicatori che mostrano la meta, e la meta è la realizzazione spirituale. Per raggiungerla, bisogna trascendere gli indicatori, ovvero le parole.

Supponiamo che tu debba attraversare un fiume. Dovrai usare un traghetto, ma una volta che hai raggiunto l'altra sponda, devi scendere e proseguire per la tua strada. Se invece dici ostinatamente: "Questa barca mi piace troppo. Non voglio scendere, resto qui", allora non arriverai mai sull'altra riva. La religione è la barca. Usala per attraversare l'oceano delle incomprensioni e delle concezioni errate sulla vita. Se questo fatto non viene compreso e tradotto in pratica, non ci sarà mai vera pace, né all'interno né all'esterno.

La religione è come una recinzione che protegge una pianticella dagli animali. Una volta che la pianta sarà diventata un albero, non avrà più bisogno del recinto. Possiamo quindi dire che la religione è come la recinzione e la realizzazione è come l'albero.

Qualcuno indica con un dito un frutto su un albero. Tu guardi la punta del dito e poi guardi oltre. Se ti fermi al dito, non troverai il frutto. Nel mondo moderno, alle persone di tutte le religioni sta sfuggendo il frutto. Sono troppo attaccate al dito – le parole e l'aspetto esteriore della loro religione – e a volte ne sono addirittura ossessionate.

Domanda: Pensi che nella società non ci sia sufficiente consapevolezza di questo fatto?

Amma: Molti si stanno dando da fare per creare questa consapevolezza, ma le tenebre sono talmente fitte che dobbiamo risvegliarci e lavorare più sodo. Naturalmente ci sono organizzazioni e individui dediti a creare questa consapevolezza. Tuttavia la meta non verrà raggiunta soltanto organizzando conferenze sulla pace. Una vera consapevolezza si raggiunge solo mediante una vita contemplativa, è qualcosa che deve accadere all'interno. Tutte le organizzazioni e gli individui che operano cercando di dare vita a un mondo di pace, senza guerre, dovrebbero insistere su questo punto. La pace non è il prodotto di un esercizio intellettuale, è un sentimento, un fiorire che sboccia all'interno se si dirige la propria energia nei canali giusti. Questo è ciò che fa la meditazione.

Domanda: Come descriveresti lo stato attuale delle cose nel mondo?

Amma: Nell'utero materno, il feto umano ha inizialmente la forma di un pesce. Alla fine, invece, assomiglia quasi a una scimmia. Sebbene affermiamo di essere persone civilizzate che hanno fatto passi da gigante nel campo scientifico, molte delle nostre azioni indicano che dentro di noi siamo ancora all'ultima fase della vita uterina.

In verità, la mente umana è molto più avanzata di quella di una scimmia. Una scimmia può saltare soltanto di ramo in ramo, da un albero all'altro, ma la mente scimmiesca dell'uomo può fare salti molto più grandi. Può balzare ovunque, da qui fin sulla luna o sulle vette dell'Himalaya, e dal presente fino al passato e al futuro.

Soltanto un cambiamento interiore basato su una prospettiva spirituale porterà la pace e porrà fine alla sofferenza. La maggior parte delle persone è molto risoluta nei propri atteggiamenti. Il loro slogan è il seguente: "Io cambierò soltanto se tu cambi per primo." Questo non aiuterà nessuno. Se tu cambi per primo, anche l'altro cambierà automaticamente.

Gesù e il Cristianesimo

Domanda: Sono cristiana dalla nascita. Amo Gesù, ma amo anche Amma. Tu sei il mio Guru. Tuttavia, il mio dilemma è che i miei due figli, ardenti fedeli della Chiesa e di Gesù, credono solo in quello. Continuano a dirmi: "Mamma, siamo tristi perché non ti vedremo in paradiso, finirai all'inferno perché non segui Gesù." Io cerco di parlare con loro, ma non mi ascoltano. Amma, cosa devo fare?

Amma: Amma capisce perfettamente la loro fede in Cristo. A dire il vero, Amma apprezza sinceramente e rispetta molto le persone che hanno una fede profonda nella loro religione e nel loro Dio personale. Tuttavia, è completamente illogico e sbagliato affermare che tutti coloro che non credono in Gesù andranno all'inferno. Quando Gesù disse: "Ama il prossimo tuo come te stesso", non intendeva "Ama soltanto i cristiani", vero? Affermare che tutti, eccetto i cristiani, andranno all'inferno equivale a non tenere in considerazione gli altri per mancanza di amore. Questa è una menzogna. Mentire è contro Dio. La divinità presuppone l'essere sinceri perché Dio è verità. Dio si trova nella considerazione e nell'amore che si hanno per gli altri.

Un'affermazione quale "Andrete tutti all'inferno perché non credete in Gesù", dimostra una totale mancanza di rispetto e di gentilezza verso il resto dell'umanità. Che cosa presuntuosa e crudele dichiarare che tutti i grandi santi, saggi e i miliardi di persone che vissero prima di Cristo siano finiti all'inferno! Queste persone sostengono forse che si è cominciato solo duemila anni fa a fare l'esperienza di Dio? O forse intendono addirittura dire che

Dio stesso non ha che duemila anni? Questo è in contrasto con la natura stessa di Dio, che è onnipresente e al di là del tempo e dello spazio.

Gesù è stata una manifestazione di Dio in forma umana. Amma non ha alcun problema ad accettare questo fatto. Tuttavia, ciò non significa che tutte le grandi incarnazioni prima e dopo di Lui non siano anch'essi degli *Avatar* [Dio sceso in forma umana], o che non siano in grado di salvare chi ha fede in loro.

Gesù non ha forse detto: "Il regno di Dio è dentro di voi"? Questa è un'affermazione semplice e diretta. Che cosa significa? Significa che Dio dimora in voi. Se il paradiso è all'interno, lo è anche l'inferno. È la vostra mente. La mente è uno strumento molto efficace. Possiamo usarlo per creare sia il paradiso che l'inferno.

Tutti i *Mahatma* [Grandi Anime], incluso Gesù, danno grande importanza all'amore e alla compassione. In verità, amore e compassione sono i princìpi fondamentali di tutte le vere religioni. Queste qualità divine sono il substrato di tutte le fedi. Se non si accetta che la pura coscienza è il principio essenziale alla base di tutto, non si può provare amore e compassione verso gli altri. Dire: "Ti voglio bene, ma solo se sei cristiano", equivale a dire: "Soltanto i cristiani sono coscienti; tutti gli altri sono degli oggetti inerti." Negare la coscienza significa negare l'amore e la Verità.

Figlia, per quanto riguarda il tuo atteggiamento in questa determinata situazione, Amma pensa che non sarà facile cambiare quello che provano i tuoi figli. E non è nemmeno necessario. Lascia che loro continuino con la loro fede, tu segui il tuo cuore e continua a fare silenziosamente ciò che ritieni sia giusto. Dopotutto, i sentimenti nel profondo del tuo cuore sono ciò che davvero importa.

Siate dei buoni cristiani, induisti, buddisti, ebrei o musulmani, ma non perdete mai il vostro discernimento e non diventate dei folli nel nome della religione.

Iniziazione al mantra di Gesù

Un giovane cristiano chiese un mantra ad Amma. "Chi è la tua divinità prediletta?", gli domandò Amma.

"Vedi tu, Amma. Qualsiasi divinità scegli, reciterò quel mantra", rispose.

Amma replicò: "No, Amma sa che tu sei nato e cresciuto come cristiano, e quindi questo *samskara* [tendenza predominante ereditata da questa vita e da quelle precedenti] ha radici molto profonde in te."

Dopo averci pensato un po', il giovane disse: "Amma, se vuoi che sia io a scegliere la divinità, allora ti prego dammi l'iniziazione al mantra di Kali."

Amma con affetto rifiutò la sua richiesta e soggiunse: "Ascolta, Amma sa che stai cercando di farla contenta. A lei non importa se tu reciti un mantra di Kali o un mantra di Gesù. Sii onesto con te stesso e aperto verso Amma. È questo atteggiamento, in verità, a far felice Amma."

"Ma, Amma, io recito il mantra *Mrityunjaya* e altre preghiere induiste", continuò il giovane, cercando di convincerla.

Amma rispose: "Sarà anche vero, ma tu devi recitare un mantra di Gesù, poiché questo è il tuo samskara predominante. Se reciti altri mantra, a lungo andare avrai difficoltà a continuare la pratica. Sorgeranno pensieri contrastanti."

Tuttavia il giovane insisteva. Voleva che Amma scegliesse un mantra per lui o lo iniziasse al mantra di Kali. Alla fine Amma disse: "Okay, figlio mio, fa' una cosa: siediti tranquillo e medita per un po'. Vediamo cosa succede."

Qualche minuto dopo, quando uscì dalla meditazione, Amma gli chiese: "Allora, dimmi, chi è la tua divinità prediletta?" Il giovane si limitò a sorridere. Amma gli chiese: "Gesù, non è vero?" Il ragazzo rispose: "Sì, Amma, avevi ragione tu e io torto."

Amma gli disse: "Amma non vede differenza tra Gesù, Krishna e Kali. Ma per te, a livello inconscio, c'è una differenza. Amma voleva che te ne rendessi conto e lo accettassi. Questa è la ragione per cui ti ha chiesto di meditare."

Il giovane fu felice, e Amma lo iniziò al mantra di Gesù.

Aspiranti illusi e la via d'uscita

D omanda: Amma, ci sono persone che compiono intense pratiche spirituali da molto tempo e tuttavia sono ancora nell'illusione. Alcuni di loro affermano addirittura di essere arrivati alla Meta. Come facciamo ad aiutare queste persone?

Amma: Come le si può aiutare se loro stesse non si rendono conto di averne bisogno? Per uscire dalle tenebre dell'illusione bisogna prima di tutto accorgersi di essere nelle tenebre. È uno stato mentale complesso. Questi figli sono bloccati lì e trovano difficile accettare la verità. Una persona completamente libera da qualsiasi tipo di ego non farebbe mai affermazioni di questo tipo.

Domanda: Che cosa li spinge a ingannarsi così tanto?

Amma: Il loro concetto errato sulla spiritualità e sull'indagine sul Sé.

Domanda: Si possono salvare?

Amma: Soltanto se vogliono essere salvati.

Domanda: La grazia di Dio non li può salvare?

Amma: Certo, ma loro sono aperti a riceverla?

Domanda: La grazia e la compassione sono incondizionate. Essere aperti non è una condizione?

Amma: L'apertura non è una condizione. È un bisogno, indispensabile quanto il mangiare e il dormire.

Un vero Maestro aiuta a completare il cammino

Domanda: Alcune persone sono dell'opinione che la guida di un Guru non sia necessaria per raggiungere la realizzazione di Dio. Amma, che cosa ne pensi?

Amma: Un non vedente vede buio ovunque e perciò chiede aiuto. Ma le persone spiritualmente cieche non sanno di esserlo. E anche se se ne accorgono non lo ammettono. Quindi per loro è difficile accettare una guida.

Le persone hanno opinioni diverse e sono libere di esprimerle. Chi è dotato di un intelletto fine può provare o confutare molte cose, tuttavia, non necessariamente le sue affermazioni costituiscono la verità. Più sei intellettuale e più sei egocentrico. Per una tale persona, abbandonarsi non è facile. L'esperienza di Dio diventerà una realtà solo a condizione che si abbandoni l'ego. Chi ha tanto attaccamento all'ego troverà molti modi per giustificare le proprie azioni egoistiche. Se qualcuno afferma che la guida di un Guru non è necessaria sul sentiero verso Dio, Amma crede che egli abbia paura di abbandonare il proprio ego o che magari desideri lui stesso diventare un Guru.

Sebbene la nostra natura sia divina, ci siamo identificati per troppo tempo con il mondo dei nomi e delle forme, considerandolo reale. Adesso abbiamo bisogno di abbandonare questa identificazione.

L'offerta di un cuore innocente

Una bambina venne al darshan offrendo un bel fiore ad Amma. Le disse: "Amma, questo fiore viene dal nostro giardino."

Amma rispose: "Davvero? È bellissimo." Accettando il fiore, Amma lo portò umilmente alla testa, come se vi si inchinasse. "L'hai raccolto tu?", chiese Amma. La piccola annuì.

La mamma della bambina raccontò che la figlia era così eccitata al pensiero di andare da Amma, che era corsa fuori in giardino ed era ritornata con il fiore, che aveva ancora qualche goccia di rugiada. "Mostrandomelo", disse la madre, "mi ha detto: 'Mamma, questo fiore è bello come Amma'."

La bambina era seduta in grembo ad Amma. All'improvviso abbracciò Amma forte, la baciò su entrambe le guance e le disse: "Amma, ti voglio tanto bene." Restituendole molti baci, Amma rispose: "Figlia mia, anche Amma ti vuole tanto bene."

Osservandola saltellare gioiosamente mentre ritornava al suo posto con la madre, Amma disse: "L'innocenza è così bella e rubacuori."

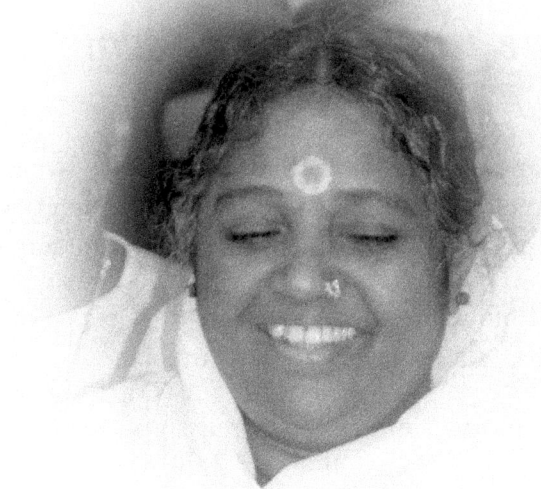

Linea diretta con Dio

Durante la sessione di domande e risposte a uno dei ritiri di Amma, un devoto disse con tono preoccupato: "Amma, ci sono migliaia di persone che rivolgono le loro preghiere a te. Se ti chiamo per chiedere aiuto, mi sa che quasi tutte le linee saranno occupate. Hai qualche suggerimento per me?"

Sentendo la domanda, Amma rise di cuore e replicò: "Non preoccuparti, figlio mio. Tu hai una linea diretta." La risposta di Amma creò un'ondata di fragorose risate. Amma continuò: "In verità, tutti hanno una linea diretta con Dio. Tuttavia, la qualità della linea dipende dal fervore della vostra preghiera."

Come un fiume che scorre...

Domanda: Amma, tu continui a fare lo stesso lavoro, giorno dopo giorno, anno dopo anno. Non ti annoi ad abbracciare continuamente la gente in questo modo?

Amma: Se il fiume si annoia a scorrere, il sole a splendere e il vento a soffiare, allora anche Amma si annoia.

Domanda: Amma, ovunque tu sia, sei sempre circondata dalla gente. Non senti il bisogno di un po' di libertà e solitudine?

Amma: Amma è sempre libera e sola.

Suoni e mantra vedici

Domanda: Gli antichi *rishi* [saggi] sono conosciuti come *mantra drishta* [coloro che hanno visto i mantra]. Questo significa che hanno visto i suoni e i *mantra* [sillabe sacre] puri?

Amma: "Visto" significa "apparso interiormente", o sperimentato. I mantra possono solo essere sperimentati interiormente. I suoni e i mantra vedici erano già presenti nell'universo, nell'atmosfera. Cosa fanno gli scienziati quando inventano qualcosa? Portano alla luce un fatto che era nascosto da molto tempo. Non possiamo chiamarla una nuova invenzione, è soltanto una scoperta.

L'unica differenza tra le invenzioni scientifiche e i mantra è che questi ultimi appartengono a livelli più sottili. I rishi, attraverso severe austerità, resero i propri strumenti interiori nitidi e completamente puri. Così, dentro di loro affiorarono automaticamente questi suoni universali.

Sappiamo come i suoni e le immagini viaggino nell'aria, sotto forma di vibrazioni, da una stazione radio o da una stazio-ne televisiva. Pur rimanendo sempre nell'atmosfera, per udirli o vederli dobbiamo sintonizzare il nostro apparecchio radio o la TV. In modo analogo, questi suoni divini si riveleranno a coloro che possiedono una mente nitida e pura. Gli occhi fisici non hanno la capacità di vederli. Soltanto sviluppando un terzo occhio, l'occhio interiore, saremo in grado di farne l'esperienza.

Qualsiasi suono sia, imparate a sentirlo con il cuore, il più profondamente possibile. Sentire il suono con il cuore, e non ascoltarlo semplicemente con le orecchie, è ciò che davvero conta. Sentite le vostre preghiere con il cuore, sentite il vostro mantra con il cuore; così sentirete Dio.

Domanda: I mantra hanno un significato?

Amma: Non nel senso che pensi o ti aspetti. I mantra sono la forma più pura delle vibrazioni universali, o *shakti* [energia divina], la cui profondità fu sperimentata dai rishi in profonda meditazione. I mantra sono il potere dell'universo sotto forma di seme, ecco perché sono conosciuti con il nome di *bijakshara* [lettere seme]. Dopo aver avuto questa esperienza, i rishi offrirono questi suoni puri all'umanità. Ma non è così facile incapsulare verbalmente un'esperienza, in particolar modo quella più profonda. Quindi, i mantra che abbiamo sono i suoni che più si avvicinano al suono universale e furono creati verbalmente dai compassionevoli rishi per il beneficio del mondo. Tuttavia rimane il fatto che la pienezza di un mantra può essere sperimentata soltanto quando la mente raggiunge una purezza perfetta.

Manca qualcosa

Domanda: Amma, tante persone dicono che, nonostante tutte le loro comodità materiali, nella loro vita manca qualcosa. Perché si sentono così?

Amma: La vita porta esperienze e situazioni diverse a persone diverse, a seconda del loro *karma* [azioni] passato e di come vivono e si comportano nel presente. Chiunque tu sia e qualsiasi benessere materiale tu acquisisca, soltanto il vivere e pensare in modo *dharmico* [retto] ti aiuterà a raggiungere la perfezione e la felicità nella vita. Se la tua ricchezza e i tuoi desideri non sono utilizzati in accordo con il *dharma* [dovere] supremo, ovvero il raggiungimento di *moksha* [liberazione], non troverai mai la pace. Avrai sempre la sensazione che ti manchi qualcosa. Questo qualcosa che ti manca è la pace, l'appagamento e la contentezza. E questa mancanza di gioia vera crea un vuoto che non può proprio essere riempito indulgendo nei piaceri o soddisfacendo desideri materiali. In tutto il mondo la gente pensa di poter riempire questo vuoto attraverso la realizzazione dei propri desideri. In verità, il vuoto rimarrà e potrà anche ampliarsi, se si continua soltanto a rincorrere gli oggetti del mondo.

Dharma e moksha sono interdipendenti. Chi vive secondo i princìpi del dharma raggiungerà moksha, e chi ha il desiderio di raggiungere moksha condurrà invariabilmente una vita dharmica.

Se utilizzati in modo scorretto e poco saggio, il denaro e le ricchezze possono diventare dei grossi ostacoli. Sono degli impedimenti per coloro che desiderano evolvere spiritualmente. Più soldi hai, più è facile che diventi ossessionato dal tuo corpo. Più ti identifichi con il corpo, più egocentrico diventi. Il problema non è il denaro, ma l'attaccamento poco intelligente che si sviluppa.

Il mondo e Dio

Domanda: Che rapporto c'è tra il mondo e Dio, tra la felicità e il dolore?

Amma: In verità, il mondo è necessario per conoscere Dio e per sperimentare la vera felicità. In classe, l'insegnante scrive sulla lavagna con un gesso bianco. Lo sfondo nero fornisce il contrasto alle lettere bianche. In modo simile, il mondo è lo sfondo per conoscere la nostra purezza, per diventare consapevoli della nostra vera natura, che è felicità eterna.

Domanda: Amma, è vero che solo gli esseri umani si sentono infelici o scontenti, mentre gli animali no?

Amma: Veramente no. Anche gli animali hanno sentimenti di dolore e insoddisfazione. Sperimentano dolore, amore, collera e altre emozioni, ma non li provano così profondamente come gli esseri umani. Gli uomini sono più evoluti, quindi i loro sentimenti sono molto più profondi. A dire il vero, sentimenti profondi di dolore indicano la potenzialità di spostarsi all'altro estremo, la beatitudine. Da una sofferenza o da un dolore profondi possiamo, in verità, raccogliere abbastanza forza per intraprendere il sentiero dell'indagine sul Sé. Si tratta soltanto di incanalare la nostra *shakti* [forza vitale] con maggiore discernimento.

Domanda: Come facciamo a usare la nostra shakti con maggiore discernimento?

Amma: Solamente una comprensione più profonda ci aiuterà a farlo. Immaginiamo di partecipare a un funerale o di visitare una persona malata e anziana costretta a letto. Ci sentiremo senz'altro tristi. Però, dopo essere tornati a casa e aver ripreso i nostri compiti, dimenticheremo tutto e continueremo per la nostra strada. Quella situazione non ha toccato gli angoli più reconditi del nostro cuore; non è penetrata in profondità. Tuttavia, se riu-sciamo davvero a riflettere su tali esperienze, pensando: "Prima o poi la stessa cosa succederà anche a me, devo indagare sulla causa di tutte queste sofferenze e prepararmi prima che sia troppo tardi", la nostra vita cambierà gradualmente e si dirigerà verso i misteri più profondi dell'universo. A poco a poco, se siamo seri e sinceri, scopriremo la vera sorgente della gioia.

Mentre Amma parlava, una bambina, seduta comodamente in braccio alla mamma, all'improvviso incominciò a piangere. Chiamandola "Baby... baby... baby", Amma chiese perché la bambina piangesse. Indicando il succhiotto che teneva in mano, la madre disse: "Ha perso questo." Tutti risero. Poi la madre rimise il succhiotto in bocca alla bambina, che smise subito di piangere.

Amma: La piccola ha perso la sua felicità. Questa è stata una bella dimostrazione del punto che stavamo cercando di spiegare. Il succhiotto è illusorio, come il mondo. Non dà alcun nutrimento al bambino. Tuttavia lo fa smettere di piangere. Quindi, in un certo senso, potremmo dire che ha uno scopo. In modo simile, il mondo non nutre davvero l'anima, ma ha uno scopo, quello di ricordarci il Creatore, Dio.

Domanda: Si dice che si debbano attraversare immensi dolori e sofferenze prima della realizzazione del Sé. Quest'affermazione è vera?

Amma: Nella vita ci sono comunque dolore e sofferenza. La spiritualità non è un viaggio in avanti; è un viaggio all'indietro. Ritorniamo alla sorgente originaria della nostra esistenza. In questo processo, dobbiamo attraversare gli strati di emozioni e *vasana* [tendenze latenti] che abbiamo accumulato finora. È da lì che proviene il dolore, non dall'esterno. Attraversando questi strati con un'attitudine aperta, li trascendiamo. Questo ci condurrà infine alla dimora della pace e della beatitudine suprema.

Prima di raggiungere la vetta di una montagna, bisogna trovarsi giù nella valle, ai piedi della montagna, all'altro estremo. In modo analogo, prima di raggiungere la vetta della felicità, l'esperienza dell'altro estremo, la sofferenza, è inevitabile.

Domanda: Perché è inevitabile?

Amma: Finché esiste l'identificazione con l'ego e finché ci sentiamo separati da Dio, ci saranno dolore e sofferenza. Adesso sei ai piedi della montagna. Prima ancora di cominciare ad arrampicarti, hai bisogno di abbandonare tutti gli attaccamenti che hai verso la valle e per tutto ciò che possiedi lì. Il dolore è inevitabile soltanto quando lo fai con poco entusiasmo. Altrimenti non c'è dolore. Quando si rinuncia all'attaccamento, il dolore si trasforma in un desiderio intenso, il desiderio di raggiungere le vette dell'unione eterna. La vera domanda è: quante persone riescono ad abbandonare con entusiasmo questo attaccamento?

Il devoto rifletté per qualche momento. Notando il suo silenzio, Amma lo picchiettò sulla testa, dicendo: "Quando accordiamo il tamburo dell'ego, dobbiamo cercare di produrre dei suoni gradevoli." Il devoto scoppiò a ridere.

Amma: Amma ha sentito una storia. C'era una volta un uomo ricco che aveva perso ogni interesse per la vita materiale e aveva deciso di cominciare una nuova vita di pace e tranquillità. Possedeva tutto ciò che il denaro poteva comprare, ma la vita gli sembrava comunque senza significato. Decise quindi di affidarsi alla guida di un Maestro spirituale. Prima di uscire di casa, l'uomo pensò: "Che cosa farò di tutti questi soldi? Offrirò tutto al Maestro e non ci penserò più. Ciò che voglio davvero è una felicità reale." Quindi mise tutte le monete d'oro in una borsa che prese con sé. Dopo aver viaggiato tutto il giorno, l'uomo trovò il Maestro seduto ai piedi di un albero alla periferia di un villaggio. Posò la borsa con i soldi di fronte a lui, inchinandosi. Ma quando sollevò la testa, fu stupefatto nel vederlo fuggire con la borsa dei soldi. Totalmente confuso e scioccato dallo strano comportamento del Maestro, il ricco si mise a inseguirlo con tutta la forza che aveva nelle gambe. Il Maestro si mise a correre più veloce – per i campi, su e giù per le colline, attraversando ruscelli, scavalcando cespugli, per le strade. Si stava facendo buio. Il Maestro conosceva così bene gli stretti e intricati sentieri e stradine del villaggio che il ricco aveva grande difficoltà a stargli dietro.

Infine, dopo aver perso ogni speranza, l'uomo ricco ritornò nel punto in cui aveva incontrato il Maestro. La sua borsa con i soldi era lì – e, nascosto dietro l'albero, c'era il Maestro. Mentre il ricco afferrava avidamente la sua preziosa borsa, il Maestro sbucò da dietro l'albero e disse: "Adesso dimmi come ti senti."

"Sono felice, molto felice – è il momento più felice della mia vita."

"Quindi," disse il Guru, "per sperimentare la vera felicità, bisogna attraversare anche l'altro estremo."

Figli, potete vagare per il mondo, inseguendo i suoi vari oggetti. Tuttavia, a meno che non ritorniate alla sorgente da cui siete originariamente partiti, non troverete la vera felicità. Questa è un'altra morale della storia.

Domanda: Amma, ho sentito dire che a meno che non finiscano tutte le ricerche, non si può trovare la vera felicità.

Amma: "Finire tutte le ricerche" significa che deve aver fine la ricerca della felicità nel mondo esterno, perché quello che stai cercando è dentro di te. Smetti di inseguire gli oggetti del mondo e rivolgiti all'interno. Lì troverai quello che stai cercando.

Tu sei colui che cerca e anche la cosa cercata. Stai cercando qualcosa che hai già. Non lo puoi trovare all'esterno. Quindi, ogni ricerca di felicità all'esterno risulterà in fallimento e frustrazione. È come il cane che insegue la propria coda.

Pazienza illimitata

C'è un uomo prossimo alla sessantina che viene regolarmente ai programmi di Amma fin dal 1988. Non posso dimenticarmi di lui perché pone sempre le stesse domande ad Amma. E quasi tutte le volte io finisco per fare da interprete. Anno dopo anno, l'uomo continua a fare le seguenti tre domande, senza mai cambiare nemmeno una parola:

1. Amma, puoi darmi subito la realizzazione del Sé?
2. Quando mi sposerò con una bella donna?
3. Come faccio a guadagnare in fretta tanti soldi e diventare ricco?

Vedendolo avvicinarsi nella fila del darshan, scherzando commentai: "Ecco che arriva il disco rotto." Amma capì immediatamente a chi mi riferivo. Mi guardò severamente e disse: "Spiritualità significa sentire e partecipare ai problemi e ai dolori degli altri. Bisognerebbe per lo meno avere un approccio intellettuale maturo verso le persone che attraversano problemi e situazioni simili. Se non hai la pazienza di ascoltare, non sei adatto a tradurre per Amma."

Le chiesi sinceramente perdono per il mio atteggiamento e le mie parole piene di pregiudizi. Tuttavia, continuavo ad avere i miei dubbi che lei volesse sentire le sue domande per la quindicesima volta.

"Devo chiedergli se ha delle domande?", chiesi ad Amma.

"Certo, perché me lo chiedi?"

Ovviamente erano le stesse tre domande. E io fui ancora una volta colmo di stupore e riverenza mentre la osservavo ascoltare e consigliare l'uomo come se sentisse le sue domande per la prima volta.

Domanda: Amma, puoi darmi subito la realizzazione del Sé?

Amma: Mediti regolarmente?

Domanda: Sperando di fare tanti soldi, lavoro 50 ore alla settimana. Comunque medito, anche se non regolarmente.

Amma: Ovvero?

Domanda: Dopo il lavoro, se trovo il tempo, medito.

Amma: Okay, e il mantra, lo ripeti?

Domanda: *(con qualche esitazione)* Sì, lo ripeto, ma non tutti i giorni.

Amma: A che ora vai a dormire e a che ora ti alzi la mattina?

Domanda: Di solito vado a letto intorno a mezzanotte e mi alzo alle sette.

Amma: A che ora vai al lavoro?

Domanda: Lavoro dalle 8:30 alle 17. Ci metto 35 o 40 minuti in auto, se non c'è traffico. Quindi generalmente esco di casa verso le 7:35. Dopo essermi alzato ho giusto il tempo di farmi una tazza di caffè, tostare due fette di pane e vestirmi. Con la colazione e la tazza di caffè in mano, salto in macchina e parto.

Amma: A che ora torni a casa dal lavoro?

Domanda: *Mmm...* verso le cinque e mezza, o le sei.

Amma: Che cosa fai dopo esser tornato a casa?

Domanda: Mi rilasso per una mezz'oretta e preparo la cena.

Amma: Per quante persone?

Domanda: Soltanto per me. Vivo solo.

Amma: Quanto tempo ci vuole?

Domanda: Più o meno, dai 40 minuti a un'ora.

Amma: Allora si sono fatte le 7:30. Cosa fai dopo cena? Guardi la TV?

Domanda: Proprio così.

Amma: Per quanto tempo?

Domanda: *(ridendo)* Amma, mi hai incastrato. Guardo la TV finché non vado a letto. Voglio confessarti anche un'altra cosa... no, non importa.

Amma: *(accarezzandogli la schiena)* Forza, finisci quello che stavi per dire.

Domanda: È troppo imbarazzante.

Amma: Okay, non fa niente.

Domanda: *(dopo una pausa di qualche secondo)* Non ha senso tenertelo nascosto. E comunque sono sicuro che lo sai già. Altrimenti, perché avresti creato tutta questa situazione? Oh, è tutto un *lila* [gioco divino]... Amma, ti chiedo perdono, ma mi sono dimenticato il mio *Guru mantra* [mantra ricevuto dal Guru]. Non trovo nemmeno più il foglio di carta su cui era scritto.

Sentendo le sue parole, Amma scoppiò a ridere.

Domanda: *(stupito)* Come? Perché ridi?

Mentre lui era lì seduto con un'aria preoccupata sul volto, Amma gli tirò scherzosamente le orecchie.

Amma: Ladruncolo! Amma lo sapeva che stavi cercando di nasconderle qualcosa. Ascolta, figlio mio, è Dio a donare ogni cosa. Amma capisce la tua sincerità e curiosità, ma devi avere più *shraddha* [attenzione e amore] e impegno, e devi essere disposto a lavorare sodo per raggiungere la Meta, la realizzazione del Sé. Il *mantra* [sillabe sacre] è il ponte che ti connette al tuo Guru – il ponte tra il finito e l'infinito. La ripetizione del Guru mantra è come cibo per un vero discepolo. Abbi rispetto per il mantra e dimostra la tua riverenza al Guru ripetendo immancabilmente il mantra tutti i giorni. A meno che non ti impegni, la realizzazione del Sé non accadrà. La spiritualità non è un lavoro part-time. Deve essere un lavoro a tempo pieno. Amma non ti sta chiedendo di licenziarti o di lavorare meno. Tu consideri il tuo lavoro e il guadagno una faccenda seria, non è vero? In modo simile, anche la realizzazione di Dio è una cosa seria. Le pratiche spirituali devono diventare parte integrante della tua vita, proprio come il mangiare e il dormire.

Domanda: *(educatamente)* Amma, accetto la tua risposta. Me ne ricorderò e cercherò di raddrizzare le cose seguendo le tue istruzioni. Ti prego benedicimi.

L'uomo rimase in silenzio per un po'. Sembrava contemplare qualcosa.

Amma: Figlio... ti sei già sposato due volte, non è vero?

Domanda: *(preso alla sprovvista)* Come fai a saperlo?

Amma: Figlio, questa non è la prima volta che parli dei tuoi problemi con Amma.

Domanda: Che memoria!

Amma: Che cosa ti fa pensare che il prossimo matrimonio funzionerà?

Domanda: Non lo so.

Amma: Non lo sai o non ne sei sicuro?

Domanda: Non ne sono sicuro.

Amma: Persino di fronte a questa incertezza, stai comunque pensando di risposarti?

Davvero interdetto e, allo stesso tempo, divertito, l'uomo si piegò in due dal ridere. Quando si rialzò, a mani giunte, disse: "Amma, sei irresistibile e invincibile. Mi inchino a te."

Sorridendo dolcemente, Amma gli diede qualche colpetto giocoso sulla testa pelata che l'uomo teneva china.

Amore e compassione
incondizionati

Domanda: Amma, qual è la tua definizione di amore e compassione incondizionati?

Amma: È uno stato completamente indefinibile.

Domanda: Ma allora, cos'è?

Amma: È vastità, come il cielo.

Domanda: Il cielo interiore?

Amma: In quello stato non esiste interiore o esteriore.

Domanda: E allora?

Amma: Esiste soltanto un Tutto unico. Ecco perché non può essere definito.

Il sentiero più facile

Domanda: Amma, ci sono tanti sentieri; qual è il più facile?

Amma: Il sentiero più facile è restare accanto a un *Satguru* [Maestro che ha realizzato il Sé]. Stare con un Satguru è come viaggiare su un Concorde. Un Satguru è il mezzo di trasporto più veloce per arrivare alla Meta. Seguire un qualsiasi sentiero senza l'aiuto di un Satguru è come viaggiare su un autobus di linea, che farà cento fermate. Ciò ritarderà il processo.

Illuminazione, abbandono e vivere nel presente

Domanda: È impossibile che si verifichi l'illuminazione senza l'attitudine di abbandono, per quanto intensa sia la propria *sadhana* [pratiche spirituali]?

Amma: Di' ad Amma cosa intendi per "sadhana intensa". Compiere una sadhana intensa significa farla con sincerità e amore. Per fare questo, hai bisogno di essere nel presente. Per poter essere nel presente devi abbandonare il passato e il futuro.

Che lo chiami abbandono, momento presente, qui ed ora, vivere momento per momento o in qualsiasi altro modo, è sempre la stessa cosa. I termini potranno differire, ma ciò che succede dentro è identico. Qualsiasi forma di pratica spirituale compiamo è per aiutarci a imparare la grande lezione dell'abbandono. La vera meditazione non è un'azione; è un intenso desiderio del cuore di essere una cosa sola con il Sé, con Dio. In questo processo, più andiamo in profondità e meno ego abbiamo, più ci sentiamo leggeri. Quindi, come vedi, lo scopo della sadhana è di rimuovere gradualmente la nozione di "io" e "mio". Questo processo è descritto in vari modi, usando diversi termini, tutto qua.

Domanda: Tutti i guadagni e i successi materiali nel mondo dipendono fondamentalmente da quanto sei aggressivo e competente. Se non continui ad affilare la mente e l'intelletto, non puoi vincere. Se non sei abbastanza brillante, sei relegato in ultima fila e tagliato fuori. Ci sembra essere molta differenza tra i princìpi della vita spirituale e quelli della vita materiale.

Amma: Figlia, hai detto bene, *sembra* solo che ci sia differenza.

Domanda: Cioè?

Amma: Perché, chiunque esse siano e qualsiasi cosa stiano facendo, la maggior parte delle persone vivono nel presente, anche se non completamente. Quando sono impegnate in un'azione o un pensiero si abbandonano al momento presente, altrimenti le cose non succederebbero. Osserva un falegname, per esempio. Quando usa un attrezzo, se la sua mente non è concentrata sul presente, potrebbe farsi male seriamente. Quindi, la gente vive nel presente. L'unica differenza è che la maggior parte delle persone ha poca o nessuna consapevolezza, e quindi è presente soltanto in parte o per niente. La scienza spirituale ci insegna a essere pienamente nel momento presente, in qualsiasi momento e luogo. Le persone sono nella mente o nell'intelletto – mai nel cuore.

Domanda: Ma per essere completamente presenti non bisogna trascendere l'ego?

Amma: Sì, ma trascendere l'ego non significa che diventi inutile o incapace di operare. Al contrario, trascendi tutte le debolezze. Ti trasformi completamente e le tue capacità interiori si esprimono in tutta la loro pienezza. Da essere umano perfetto, sei pronto a servire il mondo, e non percepisci più alcuna differenza.

Domanda: Quindi, Amma, stai dicendo che fondamentalmente non c'è differenza tra l'abbandono e il vivere nel presente?

Amma: Sì, sono la stessa cosa.

Japa mala e telefonino

Camminando verso la sala del programma accompagnata dai suoi figli, Amma notò che un brahmachari si era spostato di lato per rispondere a una telefonata.

Quando il brahmachari finì la conversazione e si riunì al gruppo, Amma commentò: "Con tante responsabilità da portare avanti, come l'organizzazione dei programmi di Amma in varie parti del Paese e il mantenere i contatti con i coordinatori locali, non c'è niente di male nel fatto che un aspirante spirituale abbia il telefonino. Tuttavia, mentre avete il telefonino in una mano, tenere un *japa mala* [rosario] nell'altra vi ricorderà di ripetere il vostro *mantra* [sillabe sacre]. Un telefonino è necessario per mantenere i contatti con il mondo. Se serve, usatelo, ma non perdete mai il contatto con Dio. È questa la vostra forza vitale.

Un'Upanishad vivente

Domanda: Come descrivi un *Satguru* [Maestro che ha realizzato il Sé]?

Amma: Un Satguru è un'Upanishad vivente [una personificazione della Verità suprema, come espressa nelle Upanishad, la parte conclusiva dei Veda].

Domanda: Qual è il compito principale di un Maestro?

Amma: Il suo unico scopo è di ispirare i discepoli e instillare in loro la fede e l'amore necessari per raggiungere la Meta. Generare nel discepolo il fuoco dell'indagine sul Sé o dell'amore per Dio è il primo e principale compito del Maestro. Una volta che il fuoco è acceso, il compito successivo del Maestro è di mantenerlo vivo, proteggendolo dalle notti tempestose e dalle piogge torrenziali di tentazioni inutili. Il Maestro proteggerà il discepolo come una chioccia protegge i pulcini sotto la sua ala. A poco a poco, osservando il Maestro e traendo ispirazione dalla sua vita, il discepolo imparerà lezioni sempre più grandi sull'abbandono e sul distacco. Ciò culminerà infine nell'abbandono completo e nella trascendenza.

Domanda: Che cosa trascende il discepolo?

Amma: La sua natura inferiore, le *vasana* [tendenze latenti].

Domanda: Amma, come descriveresti l'ego?

Amma: Come un fenomeno di poco conto – ma distruttivo se non si sta attenti.

Domanda: Ma non è uno strumento molto utile e potente quando si vive nel mondo?

Amma: Sì, se si impara a usarlo correttamente.

Domanda: Cosa intendi per "correttamente"?

Amma: Che su di esso bisogna esercitare un corretto controllo, attraverso il discernimento.

Domanda: I *sadhak* [aspiranti spirituali] lo fanno come parte della loro pratica spirituale, non è vero?

Amma: Sì, ma un sadhak a poco a poco ottiene la padronanza dell'ego.

Domanda: Ciò significa che non c'è bisogno di trascendere l'ego?

Amma: Ottenere padronanza e trascendere sono la stessa cosa. In realtà, non c'è niente da trascendere. Proprio come l'ego da una prospettiva assoluta è irreale, anche la trascendenza è irreale. Soltanto l'*Atman* [il Sé] è reale. Tutto il resto non è che ombra, o come nuvole che coprono il sole. Non è reale.

Domanda: Ma le ombre ci fanno ombra. Non possiamo chiamarle irreali, vero?

Amma: Vero. Un'ombra non può essere detta irreale. Ha uno scopo, fa ombra. Ma non dimenticarti dell'albero, che è la sorgente dell'ombra. L'ombra non può esistere senza l'albero, ma l'albero è, anche senza l'ombra. Quindi l'ombra non è né reale né irreale. Ecco cos'è *maya* [illusione]. La mente, o l'ego, non è né reale né irreale. Ciò nonostante, l'esistenza dell'Atman non dipende in alcun modo dall'ego.

Facciamo un esempio: un uomo e suo figlio stanno camminando sotto il sole. Per proteggersi dal caldo, il bambino cammina dietro il padre e la sua ombra lo protegge. Figlio, tu hai ragione, l'ombra non può essere considerata reale, tuttavia non è nemmeno irreale. Ha comunque uno scopo. In modo simile, sebbene non sia né reale né irreale, l'ego ha una funzione – quella di ricordarci della realtà suprema, l'Atman, che è il substrato dell'ego.

Proprio come l'ombra, né il mondo né l'ego possono esi-stere senza l'Atman. L'Atman offre il sostegno e fa da supporto all'intera esistenza.

Domanda: Amma, tornando sull'argomento della trascendenza – hai detto che proprio come l'ego è irreale, anche trascendere l'ego è irreale. Se è così, allora cosa dire di tutto il processo della rivelazione del Sé, della realizzazione del Sé?

Amma: Proprio come l'ego è irreale, anche il processo di trascendere l'ego sembra soltanto aver luogo. Persino il termine "rivelazione del Sé" è sbagliato, perché il Sé non ha bisogno di rivelarsi. Ciò che rimane sempre ciò che è, in tutti i tre periodi di tempo, non ha bisogno di attraversare alcun processo.

Tutte le spiegazioni infine ti conducono a comprendere che esse sono tutte inutili. Alla fine ti renderai conto che non è mai esistito nient'altro che l'Atman, e che non si è mai verificato alcun processo.

Per esempio, c'è una bella sorgente di ambrosia nel mezzo di una fitta foresta. Un giorno la scopri, bevi l'acqua e raggiungi l'immortalità. La sorgente è sempre stata lì, ma tu non lo sapevi. All'improvviso sei venuto a saperlo, sei diventato consapevole della sua esistenza. La stessa cosa accade con la sorgente interiore di pura *shakti* [energia divina]. Quando la tua ricerca e il tuo desiderio di conoscere il tuo Sé aumentano, avviene una rivelazione e tu entri in contatto con quella sorgente. Una volta che si crea il legame, si verifica anche la realizzazione che tu non sei mai stato separato dalla sorgente.

Per esempio, l'universo ha ricchezze immense nascoste al suo interno: ci sono pietre dal valore inestimabile, pozioni magiche, medicine miracolose, informazioni preziose sulla storia dell'umanità, metodi per risolvere i misteri dell'universo e via dicendo. Quello che gli scienziati passati, presenti e futuri possono scoprire è soltanto una parte infinitesimale di ciò che l'universo porta in sé. Non c'è niente di nuovo. Tutte le invenzioni non sono altro che un processo di rivelazione. In modo simile, la verità suprema rimane nel nostro profondo, anche se coperta. Il processo in cui si rivela è conosciuto col nome di *sadhana* [pratiche spirituali].

Quindi, dal punto di vista dell'individuo, esiste un processo di rivelazione e pertanto esiste anche la trascendenza.

Domanda: Amma, come spieghi la trascendenza nelle varie situazioni quotidiane della vita?

Amma: La trascendenza avviene soltanto quando raggiungiamo abbastanza maturità e comprensione. Esse sorgono attraverso le pratiche spirituali, e affrontando le varie esperienze e situazioni nella vita con un atteggiamento positivo e un certo grado di apertura. Questo ci aiuterà a rinunciare alle nostre nozioni errate e a trascenderle. Se diventate un po' più attenti, scoprirete che questo andare oltre e rinunciare alle cose meno importanti, ai desideri e agli attaccamenti di poco conto è un'esperienza comune nella nostra vita quotidiana.

A un bambino piace tanto giocare con alcuni giocattoli – una scimmia di peluche, per esempio. Questa scimmia gli piace talmente che la porta con sé tutto il giorno. Mentre gioca con lei, a volte si dimentica addirittura di mangiare. E se la madre cerca di portargliela via, si arrabbia e piange. Il bambino si addormenta tenendola stretta, soltanto allora la mamma può togliergliela.

Ma un giorno la madre vede tutti i giocattoli, compresa la scimmia che era la preferita del bambino, giacere dimenticati in un angolo. Il bambino è diventato troppo grande per loro; li ha trascesi. Lo si potrà addirittura vedere sorridere tra sé mentre guarda un altro bambino giocare con gli stessi giocattoli. Può darsi che pensi: "Guarda quel bambino che gioca coi pupazzi." Si è dimenticato di essere stato bambino anche lui.

In questo caso, egli abbandona i giocattoli e abbraccia qualcosa di più avanzato, magari un triciclo. E dopo non molto avrà trasceso anche quello e guiderà una bicicletta. E infine potrà volere una motocicletta, un'automobile e così via. Ma un *sadhak* [aspirante spirituale] ha bisogno di sviluppare la forza e la comprensione per trascendere tutto ciò che si trova sulla sua strada e abbracciare soltanto il Supremo.

Maya

Domanda: Amma, che cos'è *maya* [illusione]? Come la definisci?

Amma: La mente è maya. Maya è l'incapacità della mente di concepire il mondo come impermanente e mutevole.

Domanda: Si dice anche che questo mondo oggettivo è maya.

Amma: Sì, perché è una proiezione della mente. Ciò che ci impedisce di comprendere questa realtà è maya.

Un leone fatto con legno di sandalo sembra reale per un bambino, ma per un adulto è un pezzo di legno. Il bambino vede solo il leone, non il legno di cui è fatto. Anche i genitori potranno ammirare il leone, ma sanno che è solo un'immagine. Per loro, è il legno a essere reale, non il leone. Allo stesso modo, per un'anima realizzata, l'intero universo non è altro che l'essenza, il "legno" che costituisce ogni cosa, *Brahman* [la Realtà Suprema, l'Assoluto senza-forma], la coscienza.

Atei

Domanda: Amma, cosa ne pensi degli atei?

Amma: Non importa che una persona creda o non creda in Dio, se serve la società nel modo giusto.

Domanda: Non te ne importa, vero?

Amma: Ad Amma importa di tutti.

Domanda: Ma pensi che le loro idee siano giuste?

Amma: Che importanza ha cosa pensa Amma, finché loro continuano a credere nelle loro idee?

Domanda: Amma, tu svicoli senza rispondere alla mia domanda.

Amma: E tu, figlia, stai cercando di incastrare Amma per ottenere la risposta che vuoi.

Domanda: Okay, Amma, voglio sapere se l'ateismo è soltanto una ginnastica intellettuale o se c'è del senso in ciò che dicono gli atei.

Amma: Senso o insensatezza dipendono dalla propria attitudine. Gli atei credono fermamente che non esista un Potere Supremo, o Dio. Tuttavia, alcuni di loro lo affermano soltanto in pubblico, mentre interiormente sono credenti.

Non c'è niente di speciale in tali ginnastiche intellettuali. Una persona intellettualmente acuta può all'apparenza provare o confutare l'esistenza di Dio. L'ateismo è basato sulla logica. Come fa una ginnastica intellettuale a provare o a confutare Dio, che è ad li là del livello dell'intelletto?

Domanda: Quindi, Amma, stai dicendo che le loro idee su Dio sono sbagliate, giusto?

Amma: Che siano le loro o quelle di qualcun altro, tutte le idee su Dio sono per forza di cose sbagliate, perché Dio non può essere visto da un certo angolo. Dio apparirà soltanto quando tutte le altre idee scompariranno. La logica intellettuale può stabilire o contestare qualcosa. Ma non è detto che questa sia sempre la verità. Immagina di dire: "A non ha niente in mano. Anche B non ha niente in mano. Non vedo niente nemmeno in mano a C. Quindi nessuno ha niente in mano." È logico e sembra corretto, ma lo è davvero? Le conclusioni intellettuali sono così.

Gli atei del giorno d'oggi sprecano molto del loro tempo cercando di dimostrare la non esistenza di Dio. Se sono sicuri di ciò in cui credono, perché sono così preoccupati? Invece di impegnarsi in dispute intellettuali distruttive, dovrebbero fare qualcosa di benefico per la società.

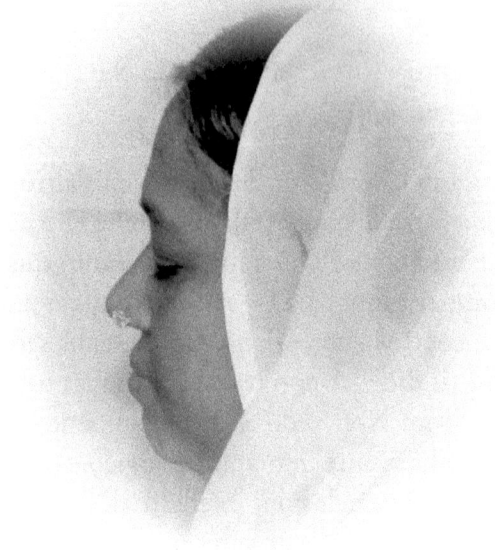

Pace

Domanda: Cos'è la pace secondo Amma?

Amma: Parli della pace interiore o esteriore?

Domanda: Voglio sapere cos'è la vera pace.

Amma: Figlia, prima di' ad Amma qual è la tua concezione di vera pace.

Domanda: Penso che la pace sia felicità.

Amma: Ma che cos'è una vera felicità? È qualcosa che ottieni quando tutti i tuoi desideri si realizzano, o hai una qualche altra definizione?

Domanda: *Mmm...* È uno stato d'animo che sorge quando i desideri si realizzano, non è vero?

Amma: Ma tali stati d'animo felici scompaiono in fretta. Ti senti felice quando soddisfi un particolare desiderio. Tuttavia, quasi subito un altro desiderio prenderà il suo posto e tu ti ritroverai a rincorrerlo. Non c'è fine a questo processo, vero?

Domanda: Hai ragione. Quindi vera felicità significa sentirsi felici dentro?

Amma: Sì, ma come fai a sentirti felice dentro?

Domanda: *(ridendo)* Stai cercando di mettermi alle strette.

Amma: No, ci stiamo avvicinando alla risposta che ti serve. Forza, figlia mia, come si fa a sentirsi felici dentro se la mente non è calma? O pensi che la vera pace sia sentirsi calmi e tranquilli mentre si mangiano cioccolata e gelati?

Domanda: *(ridendo)* Oh, no, mi stai prendendo in giro.

Amma: No, figlia, Amma è seria.

Domanda: *(pensosamente)* Quella non è né pace né felicità. È soltanto un tipo di eccitazione e attrazione.

Amma: Questo tipo di attrazione dura a lungo?

Domanda: No, va e viene.

Amma: Allora, dimmi, una sensazione che va e viene può essere detta reale, o permanente?

Domanda: Veramente no.

Amma: Allora come la chiami?

Domanda: Ciò che va e viene generalmente viene detto "temporaneo" o "passeggero".

Amma: Poiché sei stata tu a dirlo, lascia che Amma ti chieda una cosa: "Ci sono stati dei momenti nella vita in cui hai provato pace senza alcuna ragione apparente?"

Domanda: *(dopo averci pensato su un po')* Sì, una volta, mentre ero seduta nel giardino dietro a casa, a osservare il calare del sole. Mi si è riempito il cuore di una gioia sconosciuta. In quel bellissimo momento sono semplicemente scivolata in uno stato senza pensieri e ho provato tantissima pace e gioia dentro di me. Cercando di catturare quel momento, ho anche scritto una poesia per descrivere l'esperienza.

Amma: Figlia mia, questa è la risposta alla tua domanda. La pace si verifica quando la mente è immobile, con meno pensieri. Meno pensieri significano più pace e più pensieri significano meno pace. Una pace o felicità immotivata è una vera pace o felicità.

Pace e felicità sono sinonimi. Più si è aperti, più pace e felicità si prova, e viceversa. Senza un certo grado di padronanza della mente, una vera pace è difficile da raggiungere.

Trovare la pace dentro di sè è il vero sentiero per arrivare a trovare la pace all'esterno. Gli sforzi interiori ed esteriori dovrebbero andare di pari passo.

Domanda: Amma, come descriveresti la pace da un punto di vista spirituale?

Amma: Non c'è differenza fra la pace spirituale e la pace materiale. Proprio come l'amore è uno solo, anche la pace è una sola. C'è però una differenza nel grado. Dipende da quanto profondamente si penetra. Considera la mente come un lago; i pensieri sono le increspature sul lago. Ogni pensiero o agitazione è come un sasso gettato nel lago, e crea continue increspature. Una mente meditativa diventa come un fiore di loto che galleggia su quel lago. Le increspature dei pensieri sono sempre presenti, ma la cosa non ha alcun effetto sul loto, il quale continua semplicemente a galleggiare.

"Lasciami in pace! Voglio stare solo!" Questa è un'espressione comune – spesso nel mezzo di una lite, o quando qualcuno è stufo di una certa persona o situazione. Ma è una cosa possibile? Anche se lasciamo sola quella persona, non proverà alcuna pace e non potrà nemmeno essere veramente sola. Dietro la porta chiusa della sua camera starà seduta a rimuginare su tutto quello che è successo, e interiormente continuerà a ribollire. Si troverà sempre in un mondo di pensieri agitati. La vera pace è un sentimento profondo che avvolge il cuore quando siamo liberi dai pensieri del passato.

Pace non è l'opposto di agitazione. È l'assenza di agitazione. È uno stato di totale rilassamento e riposo.

La più grande lezione della vita

Domanda: Qual è la più grande lezione che bisogna imparare nella vita?

Amma: Siate attaccati al mondo con un atteggiamento distaccato.

Domanda: Come possono l'attaccamento e il distacco andare di pari passo?

Amma: Attaccatevi e staccatevi a piacimento – agite, poi lasciate andare e procedete… agite di nuovo, lasciate andare e procedete. È scomodo viaggiare con troppi bagagli, non è vero? In modo analogo, il bagaglio extra di sogni, desideri e attaccamenti indiscriminati renderà il viaggio della vostra vita estremamente infelice.

Persino grandi imperatori, dittatori e governanti soffrono terribilmente alla fine della loro vita per essersi caricati di troppi bagagli. In quegli ultimi momenti, solo l'arte del distacco vi aiuterà ad avere la mente in pace.

Alessandro Magno era un grande guerriero e governante che aveva conquistato quasi un terzo della Terra. Voleva diventare l'imperatore del mondo intero, ma fu sconfitto in battaglia e fu colpito da una malattia incurabile. Qualche giorno prima di morire, Alessandro chiamò i suoi ministri e spiegò loro come voleva essere sepolto. Voleva che venissero lasciate delle aperture su entrambi i lati della bara attraverso cui far uscire le sue braccia, con il palmo delle mani rivolto verso l'alto. I ministri gliene chiesero la ragione. Alessandro replicò che, in questo modo, tutti si sarebbero resi conto che il grande Alessandro, che aveva lottato tutta la vita per possedere e conquistare il mondo, se n'era andato a mani vuote, e non si era portato con sé nemmeno il proprio corpo. In questo modo avrebbero capito quanto è futile passare tutta la vita a rincorrere il mondo e i suoi oggetti.

Dopotutto, alla fine non possiamo portarci dietro niente, nemmeno il nostro corpo. Quindi, a cosa serve tanto attaccamento?

Arte e musica

Domanda: Essendo un artista, un musicista, vorrei sapere, Amma, che atteggiamento dovrei avere nei confronti della mia professione, e come fare a esprimere sempre di più il mio talento musicale.

Amma: L'arte è la bellezza di Dio manifestata sotto forma di musica, dipinti, danze, eccetera. È uno dei modi più facili per realizzare la propria innata divinità.

Ci sono tanti santi che hanno trovato Dio attraverso la musica. Quindi, tu sei particolarmente fortunato a essere un musicista. Per quanto riguarda l'atteggiamento verso la tua professione, sii un principiante, un bambino di fronte a Dio, di fronte al Divino. Ciò ti permetterà di accedere alle infinite possibilità della tua mente. E questo, a sua volta, ti aiuterà a manifestare sempre più profondamente il tuo talento musicale.

Domanda: Ma Amma, come fare a essere un bambino, un principiante?

Amma: Diventi automaticamente un principiante semplicemente accettando e riconoscendo la tua ignoranza.

Domanda: Capisco, ma io non sono completamente ignorante, ho studiato da musicista.

Amma: Quanta preparazione hai?

Domanda: Ho studiato musica per 6 anni e mi esibisco da 14.

Amma: Quanto grande è lo spazio?

Domanda: *(con aria interdetta)* Non capisco la tua domanda.

Amma: *(sorridendo)* Non capisci la domanda perché non capisci lo spazio, vero?

Domanda: *(stringendosi nelle spalle)* Forse.

Amma: Forse?

Domanda: Che rapporto c'è tra la mia domanda e il tuo chiedere: "Quanto grande è lo spazio?"

Amma: C'è un rapporto. La musica pura è grande quanto lo spazio. È Dio. È pura conoscenza. È il segreto che permette al suono puro dell'universo di scorrere attraverso di te. Non puoi imparare la musica in 20 anni. Anche se canti da 20 anni, per comprendere veramente la musica devi realizzare che la musica è il tuo Sé. Perchè questa realizzazione accada, devi lasciare che la musica ti possieda completamente. Affinché più musica occupi il tuo cuore, devi creare più spazio all'interno. Più pensieri significano meno spazio. Rifletti su questo: "Quanto spazio ho dentro di me da dedicare alla musica pura?"

Se desideri davvero che il tuo talento musicale si manifesti sempre più, diminuisci la quantità di pensieri non necessari e lascia maggiore spazio, in modo che l'energia della musica possa scorrere attraverso di te.

Sorgente d'amore

Domanda: Amma, come si può imparare ad avere un amore puro ed innocente, come dici tu?

Amma: Soltanto qualcosa che ti è estraneo può essere appreso. Ma l'amore è la tua vera natura. Dentro di te c'è una sorgente d'amore. Attingi a quella sorgente nel modo giusto e la *shakti* [energia] dell'amore divino riempirà il tuo cuore, espandendosi senza fine dentro di te. È una cosa che non puoi *far* accadere; puoi soltanto creare in te la giusta attitudine affinché accada spontaneamente.

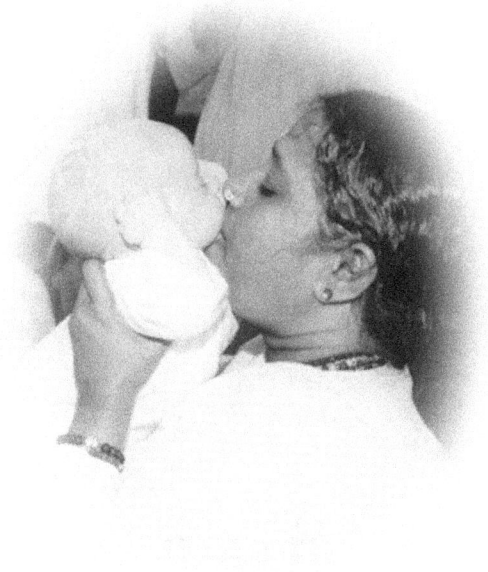

Perché abbracci?

Domanda: Amma, tu abbracci tutti. Ma chi abbraccia te?

Amma: L'intero Creato abbraccia Amma. In verità, Amma e il Creato sono stretti in un abbraccio eterno.

Domanda: Amma, perché abbracci le persone?

Amma: Questa domanda equivale a chiedere al fiume: "Perché scorri?"

Una lezione preziosa
in ogni momento

Si stava svolgendo il *darshan* del mattino. Amma aveva appena finito di rispondere alle domande dei suoi figli – la fila era stata lunga. Con un profondo sospiro stavo per prendermi una pausa quando all'improvviso si fece avanti un devoto e mi porse un foglio. Era un'altra domanda. A essere onesto, fui un po' seccato. Tuttavia, presi il foglio dalle sue mani e chiesi: "Non può aspettare fino a domani? Per oggi abbiamo finito."

Lui disse: "È importante. Perché non adesso?" Io pensai, o forse immaginai, che lo stesse pretendendo.

"Devo proprio spiegarglielo?", ribattei io. Lui non mollò. "Non è obbligato, ma perché non può chiedere ad Amma? Magari Amma è disposta a rispondere alla mia domanda."

A quel punto lo ignorai semplicemente e guardai da un'altra parte. Amma stava dando il darshan. La nostra discussione si era svolta dietro la sedia del darshan. Entrambi avevamo parlato a bassa voce, ma in modo duro.

All'improvviso Amma si voltò e mi chiese: "Sei stanco? Hai sonno? Hai mangiato?" Io fui stupito e, allo stesso tempo, mi vergognai, perché Amma aveva udito la nostra conversazione. In verità, mi ero comportato da stupido. Avrei dovuto saperlo. Anche se Amma stava dando il darshan e noi avevamo parlato a voce bassa, i suoi occhi, le sue orecchie e tutto il suo corpo vedono, odono e percepiscono ogni cosa.

Amma continuò: "Se sei stanco, fai una pausa, ma prima traduci la domanda di questo figlio. Impara a essere gentile. Non essere ossessionato da ciò che ritieni sia giusto."

Mi scusai con l'uomo e tradussi la sua domanda. Amma si prese cura del suo problema con amore e l'uomo se ne andò soddisfatto. Ovviamente la sua domanda era davvero importante, proprio come aveva detto lui.

Dopo che se ne fu andato, Amma disse: "Ascolta, figlio mio, quando reagisci verso qualcuno hai torto e, quasi sicuramente, loro hanno ragione. Essi sono in uno stato mentale migliore e osservano la situazione con chiarezza. Il reagire ti rende cieco. Il tuo atteggiamento reattivo non ti aiuta a considerare gli altri e i loro sentimenti.

"Prima di reagire a una determinata situazione, puoi fare una pausa e dire all'altra persona: 'Ho bisogno di un po' di tempo prima di poterti rispondere. Lasciami riflettere su ciò che hai detto. Magari tu hai ragione e io ho torto.' Se hai il coraggio di fare tutto questo, per lo meno stai tenendo in considerazione i sentimenti dell'altra persona. Ciò eviterà che in seguito si verifichino molti episodi spiacevoli."

Fui testimone di un'altra inestimabile lezione di questa grande Maestra. Ciò mi rese umile.

Comprendere un essere illuminato

Domanda: È possibile comprendere un *Mahatma* [Grande Anima] con la nostra mente?

Amma: Innanzitutto, un Mahatma non può essere compreso. Se ne può fare soltanto l'esperienza. Con la sua natura dubbiosa e vacillante, la mente non può fare l'esperienza di una cosa così com'è, nemmeno se si tratta di un oggetto materiale. Per esempio, quando vuoi avere davvero l'esperienza di un fiore, la mente si ferma, e incomincia a funzionare qualcosa che è al di là della mente.

Domanda: Amma, che cos'è questo "qualcosa"?

Amma: Puoi chiamarlo cuore, ma è uno stato temporaneo di profondo silenzio – un'immobilità della mente, un'interruzione del flusso dei pensieri.

Domanda: Amma, quando dici "mente", che cosa intendi? Solo i pensieri o qualcosa di più?

Amma: La mente include la memoria, che è il magazzino del passato, il pensare, il dubitare, il decidere e il senso dell'"io".

Domanda: E tutte le emozioni?

Amma: Anche loro fanno parte della mente.

Domanda: Okay, quindi quando dici che la mente non può comprendere un Mahatma, intendi dire che questo complesso meccanismo non può conoscere lo stato in cui si trova un Mahatma.

Amma: Sì. La mente umana è davvero imprevedibile e complicata. È importantissimo che un ricercatore della Verità capisca di non poter riconoscere un *Satguru* [Maestro che ha realizzato il Sé]. Non ci sono criteri per una cosa simile. Un ubriaco sa riconoscere un altro ubriaco. Due giocatori d'azzardo si riconosceranno a vicenda. Un avaro sa riconoscere un altro avaro. Hanno tutti lo stesso calibro mentale. Ma non esistono criteri simili per riconoscere un Satguru. Né i nostri occhi fisici né la nostra mente possono individuare un grande essere. Per questo è necessario un training speciale, ovvero la *sadhana* [pratiche spirituali]. Soltanto una sadhana costante ci aiuterà ad acquisire il potere di penetrare al di sotto della superficie della mente. Dopo esser penetrati sotto la superficie della mente, dovrete affrontare moltissimi strati di emozioni e pensieri. Per attraversare e trascendere tutti questi intricati livelli della mente, grossolani e sottili, il *sadhak* [aspirante spirituale] ha bisogno della guida costante del Satguru. Penetrare nei livelli più profondi della mente, attraversarne i vari strati e uscirne fuori con successo è un processo chiamato *tapas* [austerità]. Tutto ciò, inclusa la trascendenza ultima, è possibile soltanto con la grazia incondizionata di un Satguru.

La mente ha sempre delle aspettative. L'esistenza stessa della mente è basata sull'aspettativa. Un Mahatma non accondiscenderà alle aspettative e ai desideri della mente. Per fare l'esperienza della pura coscienza del Maestro, questa natura della mente deve scomparire.

Amma, l'energia inesauribile

Domanda: Amma, non ti viene mai voglia di smettere il lavoro che fai?

Amma: Ciò che fa Amma non è lavoro, è adorazione. Nell'adorazione c'è soltanto puro amore, e quindi non è un lavoro. Amma venera i propri figli vedendo Dio in loro. Figli miei, voi siete il Dio di Amma.

L'amore non è complicato. È semplice, spontaneo e in verità è la nostra natura intrinseca. Quindi, non è un lavoro. Per quanto riguarda Amma, abbracciare personalmente i suoi figli è il modo più semplice con cui esprimere il suo amore per loro e per tutto il Creato. Il lavoro è faticoso e consuma energia, mentre l'amore non può mai essere faticoso o noioso. Al contrario, continua a riempire il tuo cuore di un'energia sempre maggiore. L'amore puro ti fa sentire leggero come un fiore. Non ti sembrerà un peso. È l'ego a creare il fardello.

Il sole non smette mai di splendere; anche il vento continua a soffiare per l'eternità; e il fiume non smette mai di scorrere, dicendo: "Ne ho abbastanza! È una vita che faccio lo stesso lavoro; è ora di cambiare." No, essi non si fermano mai. Continueranno così finché esisterà il mondo, perché questa è la loro natura. In modo analogo, Amma non può smettere di dare amore ai suoi figli, perché non si annoia mai ad amarli.

La noia si prova solo quando non c'è amore. Allora vuoi continuare a cambiare, cambiare da un posto all'altro, da un oggetto all'altro. Quando c'è amore, invece, niente invecchia mai. Tutto rimane eternamente fresco e nuovo. Comunque, per

Amma il momento presente è molto più importante di ciò che dovrà fare domani.

Domanda: Ciò significa che negli anni a venire continuerai a dare il *darshan*?

Amma: Finché queste mani potranno muoversi anche solo un po' per tendersi verso coloro che vengono a lei, e finché avrà un po' di forza ed energia per mettere le mani sulle spalle di chi piange e asciugargli le lacrime, Amma continuerà a dare il darshan. È desiderio di Amma continuare ad accarezzare con amore le persone, consolarle e asciugare le loro lacrime fino alla fine di queste spoglie mortali.

Amma dà il darshan da 35 anni. Per grazia del *Paramatman* [il Sé Supremo], fino ad ora Amma non ha mai dovuto cancellare un singolo darshan o programma per problemi di salute. Amma non si preoccupa del domani. L'amore è nel presente, la felicità è nel presente, Dio è nel presente e anche l'illuminazione è nel presente. Quindi perché preoccuparsi senza ragione del futuro? Ciò che sta succedendo adesso è più importante di quello che succederà in futuro. Quando il presente è così bello e pieno, perché preoccuparsi del futuro? Che il futuro si sveli spontaneamente partendo dal presente.

Il figlio perduto e ritrovato

Il dott. Jaggu è un residente dell'ashram di Amma in India. Qualche tempo fa la sua famiglia gli diede il denaro per viaggiare con Amma in Europa. Quando riuscì a ottenere il visto, era ormai tardi e Amma e il suo gruppo avevano già lasciato l'India. Tuttavia fummo tutti contenti di sapere che Jaggu ci avrebbe raggiunti ad Anversa, in Belgio.

Era il primo viaggio di Jaggu fuori dall'India, non era mai salito su un aereo in vita sua. Quindi facemmo in anticipo tutti i preparativi per andarlo a prendere all'aeroporto. Dei devoti lo aspettavano fuori dal terminal con un'auto, ma Jaggu non comparve mai. La compagnia aerea confermò che un passeggero di nome Jaggu era sul volo proveniente da Londra Heathrow, atterrato all'aeroporto internazionale di Bruxelles intorno alle 4 del pomeriggio. Erano ormai passate quattro ore dal momento dell'atterraggio, ma del dott. Jaggu non si sapeva nulla.

Con l'aiuto del personale di terra, i devoti locali fecero delle ricerche approfondite per tutto l'aeroporto. Venne chiamato diverse volte con l'altoparlante, ma senza risultato. Del dott. Jaggu non c'era traccia.

Infine tutti furono costretti a pensare che il dott. Jaggu si fosse perso da qualche parte – nel gigantesco aeroporto o nella città di Bruxelles – nel disperato tentativo di raggiungere in qualche modo il luogo del programma.

Nel frattempo Amma stava beatamente provando alcuni nuovi *bhajan* [canti devozionali], seduta tranquillamente al centro del gruppo che viaggiava con lei. Poiché tutti erano piuttosto preoccupati per l'improvvisa scomparsa di Jaggu, misi Amma al corrente della notizia nel mezzo dei bhajan. Mi aspettavo che avrebbe manifestato una grande preoccupazione materna. Ma con mia grande sorpresa Amma si voltò e disse: "Su, cantiamo un altro bhajan."

Per me questo era un segno positivo. Vedendo che Amma era rimasta impassibile, dissi ai devoti: "Penso che Jaggu sia senz'altro al sicuro, perché Amma è calmissima. Se ci fosse qualche problema, senza dubbio sarebbe stata più preoccupata."

Qualche minuto dopo apparve Brahmachari Dayamrita, che annunciò: "Jaggu è appena arrivato al cancello d'ingresso." Un attimo dopo, il dott. Jaggu entrò con un gran sorriso sul volto.

In verità, come apprendemmo dall'avventurosa storia che narrò, si era davvero perso. "Quando sono uscito dall'aeroporto, non c'era nessuno. Non sapevo cosa fare. Anche se ero un po' preoccupato, avevo piena fede che Amma avrebbe mandato qualcuno a salvarmi da quella situazione difficile. Fortunatamente avevo l'indirizzo del luogo del programma. Una coppia ha avuto pietà di me e mi ha aiutato ad arrivare fin qui."

Amma disse: "Amma sapeva benissimo che stavi bene e che avresti trovato il modo per arrivare qui. Questa è la ragione per cui è rimasta calma quando le hanno detto che eri sparito."

Più tardi quella sera, chiesi ad Amma come aveva fatto a sapere che Jaggu era al sicuro. Lei disse: "Semplicemente, Amma lo sapeva."

"Ma come?" Mi aveva stuzzicato la curiosità.

Amma disse: "Proprio come tu vedi la tua immagine allo specchio, Amma lo vedeva al sicuro."

Chiesi: "Hai visto che Jaggu veniva aiutato o hai ispirato tu la coppia a soccorrerlo?" Sebbene feci un altro paio di tentativi, Amma non volle aggiungere altro.

Violenza

Domanda: Amma, la violenza e la guerra possono essere un mezzo per raggiungere la pace?

Amma: La guerra non sarà mai un mezzo per arrivare alla pace. Questa è la pura verità che ci ha rivelato la storia. A meno che non si verifichi una trasformazione nella propria coscienza, la pace non resterà che un sogno lontano. Soltanto un modo spirituale di pensare e vivere creerà questa trasformazione. Quindi non riusciremo mai a correggere una determinata situazione facendo la guerra.

Pace e violenza sono due opposti. La violenza è una forte reazione, non una risposta. Una reazione scatena altre reazioni. Questa è semplice logica. Amma ha sentito che in Inghilterra esisteva un modo particolare di punire i ladri. Portavano il colpevole a un incrocio e lo frustavano nudo di fronte a una gran folla. Lo scopo era di far conoscere a tutti i cittadini la severa punizione che avrebbero ricevuto se avessero commesso un crimine. Ma presto dovettero cambiare sistema, perché tali occasioni fornivano meravigliose opportunità ai borseggiatori, che approfittavano di quei momenti per derubare chi era impegnato a osservare la scena. Il luogo di punizione diventò esso stesso un terreno fertile per il crimine.

Domanda: Ciò significa che non ci dovrebbe essere alcuna punizione?

Amma: No, no, niente affatto. Poiché la maggioranza della popolazione mondiale non sa come usare la libertà in un modo che sia di beneficio alla società, una certa dose di paura – "Verrò punito se non osservo la legge" – è necessaria. Tuttavia, scegliere il sentiero della violenza e della guerra per ristabilire la pace e l'armonia nella società non avrà un'efficacia a lunga durata. Questo semplicemente perché la violenza crea della ferite profonde nella mente della società, che in una fase successiva si manifesteranno come maggiore violenza e conflitti.

Domanda: Allora, qual è la soluzione?

Amma: Fate tutto ciò che potete per espandere la vostra coscienza individuale. Soltanto una coscienza vasta è capace di vera comprensione. Solamente questo tipo di persone saranno in grado di cambiare la visione della società. Questa è la ragione per cui la spiritualità è così importante nel mondo d'oggi.

Il problema è l'ignoranza

Domanda: C'è qualche differenza tra i problemi della gente in India e in occidente?

Amma: Da un punto di vista esteriore, i problemi in India e in occidente sono diversi. Tuttavia, il problema fondamentale, la radice di tutti i problemi, in qualsiasi parte del mondo, è uno solo: l'ignoranza, l'ignoranza dell'*Atman* [il Sé], l'ignoranza della nostra vera natura.

Il preoccuparsi troppo della sicurezza fisica e troppo poco di quella spirituale sono i segni distintivi del mondo odierno. Queste priorità devono cambiare. Amma non sta dicendo che le persone non dovrebbero prendersi cura del proprio corpo e dell'esistenza fisica. No, non è questo il punto. Il problema di base è la confusione tra ciò che è permanente e ciò che è impermanente. Si dà troppa importanza all'impermanente, ovvero al corpo, mentre il permanente, ovvero l'Atman, viene completamente dimenticato. Questo atteggiamento deve cambiare.

Domanda: Vedi delle possibilità di cambiamento nella nostra società?

Amma: Le possibilità ci sono sempre. La domanda cruciale è se la società e l'individuo sono disposti a farlo. In una classe tutti gli studenti ricevono le stesse opportunità. Tuttavia, quanto uno studente impara dipende da quanto è ricettivo.

Nel mondo d'oggi tutti vogliono che siano gli altri a cambiare per primi, è difficile trovare persone che sentano sinceramente di dover cambiare. Invece di pensare che siano gli altri a dover cambiare per primi, ogni individuo dovrebbe sforzarsi di cambiare se stesso. A meno che non si verifichi una trasformazione nel mondo interiore, nel mondo esterno le cose continueranno a restare più o meno le stesse.

Interpretare l'umiltà

A un devoto che ha fatto una domanda sull'umiltà:

Amma: Normalmente, quando diciamo: "Quella persona è così umile", intendiamo soltanto: "Ha sostenuto il mio ego e mi ha aiutato a mantenerlo intatto. Volevo che lui facesse qualcosa per me, e l'ha fatto senza sollevare la minima obiezione. Quindi è una persona davvero umile." Ecco cosa significa davvero l'affermazione sull'umiltà. Tuttavia, nel momento in cui questa persona "umile" apre la bocca e ci mette in discussione, anche se lo fa per una buona ragione, la nostra opinione cambia. A quel punto diremo: "Non è così umile come pensavo." Il che in realtà significa: "Ha ferito il mio ego, e quindi non è così umile."

Siamo speciali?

Reporter: Amma, pensi gli abitanti di questa nazione siano speciali?

Amma: Per Amma, tutta la razza umana, l'intero Creato, è molto speciale, perché il Divino è in tutti. Amma vede quel Divino anche nella gente di questo paese. Quindi siete tutti speciali.

Sviluppo di sé o del Sé

Domanda: Amma, nella società occidentale sono diventati molto popolari libri e metodi per lo sviluppo di sé. Amma, potresti condividere con noi cosa pensi al riguardo?

Amma: Dipende da come si interpreta lo sviluppo di sé.

Domanda: Cosa intendi dire?

Amma: È sviluppo di sé o sviluppo del Sé?

Domanda: Qual è la differenza?

Amma: Il vero sviluppo del Sé aiuta il tuo cuore a sbocciare, mentre lo sviluppo di sé rafforza l'ego.

Domanda: Allora, Amma, cosa suggerisci?

Amma: "Accetta la Verità", ecco cosa direbbe Amma.

Domanda: Non capisco.

Amma: Vedi cosa fa l'ego? Non ti permette di accettare la Verità o di comprendere qualcosa nel modo giusto.

Domanda: Come faccio a vedere la Verità?

Amma: Per vedere la Verità, prima hai bisogno di vedere il falso.

Domanda: L'ego è veramente un'illusione?

Amma: Lo accetterai se Amma te lo dice?

Domanda: *Mmm...* se vuoi.

Amma: *(ridendo)* Se *Amma* vuole? La questione è se *tu* vuoi sentire e accettare la Verità.

Domanda: Sì, voglio sentire e accettare la Verità.

Amma: Allora, la Verità è Dio.

Domanda: Ciò significa che l'ego è irreale, non è vero?

Amma: L'ego è irreale. È il problema in te.

Domanda: Quindi tutti portano con sé questo problema ovunque vadano?

Amma: Sì, gli esseri umani stanno diventando dei problemi ambulanti.

Domanda: Qual è allora il prossimo passo?

Amma: Se vuoi rafforzare l'ego, allora sviluppa il tuo sé in modo da diventare più forte. Ma se vuoi avvicinarti al Sé, chiedi aiuto a Dio.

Domanda: Molte persone hanno paura di perdere il loro ego, pensano che sia la base della loro esistenza nel mondo.

Amma: Se vuoi davvero l'aiuto di Dio per scoprire il tuo vero Sé, allora non devi aver paura di perdere il tuo ego, il piccolo sé.

Domanda: Ma rafforzando l'ego otteniamo dei guadagni materiali e questo costituisce un'esperienza diretta, immediata. Perdendo il nostro ego, invece, l'esperienza non è così diretta e immediata.

Amma: Ecco perché la fede è così importante sul sentiero verso il Vero Sé. Perché tutto funzioni bene e produca il risultato giusto, bisogna stabilire il contatto giusto e attingere alla sorgente giusta. Per quanto riguarda la spiritualità, il punto di contatto e la sorgente sono all'interno. Tocca quel punto e avrai un'esperienza diretta e immediata.

L'ego è soltanto una fiammella

Amma: L'ego è una fiamma molto piccola che può essere spenta in qualsiasi momento.

Domanda: Come descrivi l'ego in questo contesto?

Amma: Tutto ciò che accumuli – nome, fama, denaro, potere, posizione – non fa che alimentare la piccola fiamma dell'ego, che si può spegnere in ogni momento. Anche il corpo e la mente fanno parte dell'ego. Sono tutti impermanenti per natura; anche loro quindi fanno parte di questa fiamma insignificante.

Domanda: Ma, Amma, queste sono cose importanti per un comune essere umano.

Amma: Certo, sono importanti, ma ciò non significa che siano permanenti. Sono futili perché sono impermanenti. Le potete perdere in qualsiasi momento. Il tempo ve le porterà via senza preavviso. Usarle e gioirne va bene, ma considerarle permanenti è una percezione errata. In altre parole, rendetevi conto che sono cose transitorie e non siatene troppo orgogliosi.

La cosa più importante nella vita è costruire il legame interiore con ciò che è permanente ed eterno, con Dio, o il Sé. Dio è la sorgente, il vero centro della nostra vita e della nostra esistenza. Tutto il resto è marginale. Il reale sviluppo del Sé avviene soltanto quando si stabilisce un legame con Dio, che è il vero *bindu* [centro], e non con la periferia.

Domanda: Amma, guadagniamo qualcosa estinguendo questa piccola fiamma dell'ego? Potremmo invece perdere addirittura la nostra identità individuale.

Amma: Certo, estinguendo la fiammella dell'ego, perderete la vostra identità di piccoli individui limitati. Ma questo non è niente in confronto a quello che guadagnerete da questa apparente perdita – il sole della pura conoscenza, la luce inestinguibile. Inoltre, quando perdete la vostra identità di piccoli esseri limitati, diventate una cosa sola con ciò che c'è di più grande, l'universo, la coscienza incondizionata. Perché si verifichi questa esperienza avete bisogno della costante guida di un *Satguru* [Maestro che ha realizzato il Sé].

Domanda: Perdere la mia identità! Non è un'esperienza spaventosa?

Amma: Si tratta soltanto di perdere il piccolo sé. Il nostro vero Sé non potrà mai andare perduto. Ti fa paura perché sei terribilmente identificato con il tuo ego. Più grande è l'ego, più paura avrai e più sarai vulnerabile.

Notizie

Giornalista: Amma, cosa ne pensi delle notizie e dei mass media?

Amma: Vanno molto bene se assolvono le loro responsabilità verso la società con onestà e sincerità. Possono recare un grande servizio all'umanità. Amma ha sentito una storia. Una volta un gruppo di uomini fu mandato a lavorare per un anno nella foresta. Due donne furono incaricate di cucinare per loro. Alla fine del contratto, due lavoratori del gruppo sposarono le due donne. Il giorno dopo i giornali riportarono la notizia dell'ultima ora: "Il 2% degli uomini sposa il 100% delle donne!"

La storia piacque al giornalista, che scoppiò a ridere.

Amma: Un tale modo di riportare le notizie è accettabile come barzelletta, ma non come resoconto onesto.

Il bacio di cioccolato
e il terzo occhio

U n devoto si era appisolato mentre cercava di meditare. *Amma gli lanciò un bacio di cioccolato. Amma ha una mira perfetta. Il cioccolatino lo colpì esattamente nel punto tra le sopracciglia. L'uomo aprì gli occhi con un sussulto. Con il cioccolatino tra le mani, si guardò intorno per capire da dove provenisse. Vedendolo in quello stato, Amma scoppiò a ridere. Quando si rese conto che era stata Amma a tirargli il cioccolatino, il suo volto si illuminò. Si portò il cioccolatino alla fronte, come a inchinarvisi. Ma un attimo dopo si mise a ridere forte, si alzò e si avvicinò ad Amma.*

Domanda: Il bacio mi ha colpito nel punto giusto, tra le sopracciglia, nel centro spirituale. Forse questo mi aiuterà a aprire il terzo occhio.

Amma: No, non lo farà.

Domanda: Perché?

Amma: Perché hai detto "forse"; ciò significa che hai dei dubbi. La tua fede non è completa. Come può succedere se non hai fede?

Domanda: Stai dicendo che sarebbe accaduto se avessi avuto una fede totale?

Amma: Sì. Se hai completa fede, la realizzazione può verificarsi in qualsiasi momento, in qualsiasi luogo.

Domanda: Stai dicendo davvero?

Amma: Sì, certo.

Domanda: Oh, mio Dio... ho perso una grande opportunità!

Amma: Non preoccuparti, sii consapevole e vigile. Le opportunità si ripresenteranno. Sii paziente e continua a provare.

L'uomo aveva l'aria un po' delusa e si voltò per ritornare al suo posto.

Amma: *(toccandolo sulla spalla)* A proposito, perché ti sei messo a ridere?

Sentendo la domanda l'uomo scoppiò a ridere di nuovo.

Domanda: Mentre mi sono appisolato durante la meditazione, ho fatto un sogno meraviglioso. Ti ho visto lanciare nella mia direzione un bacio di cioccolato per svegliarmi. Mi sono svegliato subito. Mi ci è voluto qualche istante per rendermi conto che mi avevi davvero tirato un bacio di cioccolato.

Amma e tutti i devoti seduti intorno a lei scoppiarono a ridere con lui.

La natura dell'illuminazione

Domanda: Sei contenta o preoccupata di qualcosa in particolare?

Amma: L'Amma esteriore si preoccupa del benessere dei suoi figli. Nell'aiutare i suoi figli a crescere spiritualmente, Amma a volte potrà essere contenta o arrabbiata con loro. Tuttavia, l'Amma interiore rimane imperturbabile e distaccata, e dimora in uno stato di pace e beatitudine costanti. Niente di ciò che succede esternamente la tocca, poiché è pienamente consapevole del quadro generale.

Domanda: Lo stato finale è descritto usando molti aggettivi. Per esempio, compatto, stabile, inamovibile, immutabile, ecc. Sembra che sia uno stato saldo come una roccia. Amma, ti prego, aiutami a capire meglio.

Amma: Queste parole sono usate per trasmettere lo stato interiore di distacco, la capacità di osservare ed essere un testimone di ogni cosa – di distanziarsi da tutte le circostanze della vita.

Tuttavia, l'illuminazione non è uno stato solido e duro come una roccia in cui si perdono tutti i sentimenti interiori. È uno stato, un raggiungimento spirituale in cui ci si può ritirare e restare assorbiti ogni qualvolta lo si desideri. Dopo aver attinto alla sorgente infinita di energia, la tua capacità di provare ed esprimere ogni cosa acquista una bellezza e una profondità speciali, non di questo mondo. Se una persona illuminata lo vuole, può esprimere emozioni con qualsiasi intensità desideri.

Sri Rama pianse quando il re demone Ravana rapì la sua sacra consorte, Sita. In verità, lamentandosi come un comune mortale, chiese a ogni creatura della foresta: "Avete visto la mia Sita? Dov'è andata, lasciandomi solo?" Gli occhi di Krishna si riempirono di lacrime quando rivide dopo molto tempo il suo caro amico Sudama. Esistono episodi simili anche nella vita di Gesù e del Buddha. Questi *Mahatma* [Grandi Anime] erano vasti come lo spazio illimitato e quindi potevano riflettere tutte le emozioni che volevano. Riflettevano, e non reagivano.

Domanda: Riflettevano?

Amma: Come uno specchio, i Mahatma rispondono alle situazioni con perfetta spontaneità. Mangiare quando hai fame è una risposta. Invece, mangiare quando vedi del cibo è una reazione. E anche una malattia. Un Mahatma risponde a una particolare situazione, senza che questa abbia effetto su di lui, e poi si sposta al momento successivo.

Provare ed esprimere emozioni e condividerle onestamente senza riserve non fa che aumentare lo splendore spirituale e la gloria di un essere illuminato. È sbagliato considerare questo una debolezza, anzi lo si dovrebbe ritenere un modo molto più umano di esprimere la sua compassione e amore. Altrimenti, come farebbero i comuni esseri umani a comprendere la sua partecipazione e amore?

Chi vede?

Domanda: Che cosa ci impedisce di fare l'esperienza di Dio?

Amma: La sensazione di essere separati da ciò che consideriamo "altro".

Domanda: Come facciamo a eliminarla?

Amma: Diventando sempre più consapevoli, sempre più consci.

Domanda: Consci di cosa?

Amma: Consci di tutto ciò che succede dentro e fuori.

Domanda: Come facciamo a diventare più consapevoli?

Amma: La consapevolezza giunge quando capite che tutto ciò che la mente proietta è privo di significato.

Domanda: Amma, le Scritture affermano che la mente è inerte, ma tu dici che la mente proietta. Sembra una contraddizione. Come fa la mente a proiettare se è inerte?

Amma: Proprio come le persone, specialmente i bambini, proiettano forme diverse nel cielo infinito. Guardando in cielo, i bambini piccoli diranno: "C'è un carro, e lì un demone. Oh, guarda il volto radioso di quell'essere celeste!", e così via. Questo significa che in cielo ci sono davvero queste forme? No, i bambini le immaginano semplicemente nel cielo infinito. In verità, sono le nuvole ad assumere varie forme. Il cielo, lo spazio infinito, è semplicemente lì – tutti i nomi e le forme sono sovrimposti su di esso.

Domanda: Ma se la mente è inerte, come fa a sovrimporsi o a coprire l'*Atman* [il Sé]?

Amma: Sebbene sembri che sia la mente a vedere, ciò che davvero vede è l'Atman. Le tendenze accumulate, che costituiscono la mente, sono come un paio di occhiali. Ogni persona ha occhiali con lenti di colori diversi. A seconda del colore delle lenti, vediamo e interpretiamo il mondo di conseguenza. Dietro questi occhiali, l'Atman rimane immobile, come testimone, illuminando semplicemente ogni cosa con la sua presenza. Ma noi scambiamo la mente per l'Atman. Immaginiamo di metterci un paio di occhiali dalla lenti rosa – non vediamo forse tutto il mondo rosa? Chi è a vedere veramente? Siamo *noi*, mentre il paio di occhiali è soltanto inerte, non è così?

Non saremo in grado di vedere il sole se ci mettiamo dietro a un albero. Questo significa forse che l'albero è in grado di coprire il sole? No, ci mostra soltanto le limitazioni dei nostri occhi e della nostra vista. La sensazione che la mente possa coprire l'Atman è simile.

Domanda: Se la nostra vera natura è l'Atman, perché dovremmo sforzarci di conoscerlo?

Amma: Gli esseri umani hanno la nozione errata di poter raggiungere qualsiasi cosa con lo sforzo. Lo sforzo, in verità, è l'orgoglio in noi. Nel nostro viaggio verso Dio, tutti gli sforzi che nascono dall'ego crolleranno e finiranno in un fallimento. Questo è, in verità, un messaggio divino, il messaggio della necessità dell'abbandono e della grazia. Questo, infine, ci aiuterà a renderci conto delle limitazioni del nostro sforzo, del nostro ego. In breve, lo sforzo ci insegna che soltanto attraverso lo sforzo non arriveremo alla meta. In ultima analisi, il fattore decisivo è la grazia.

Sia che si tratti di raggiungere la realizzazione di Dio o di soddisfare dei desideri materiali, la grazia è il fattore che ci permette di arrivare alla meta.

L'innocenza è shakti divina

Domanda: Una persona innocente può essere una persona debole?

Amma: "Innocenza" è una parola molto incompresa. Viene anche usata per riferirsi a persone timide e che non reagiscono. Anche le persone ignoranti e analfabete vengono spesso considerate innocenti. Ignoranza non è innocenza. Ignoranza è mancanza di vero amore, discernimento e comprensione, mentre vera innocenza è puro amore dotato di discernimento e comprensione. È *shakti* [energia divina]. Persino in una persona timida c'è ego. Una persona davvero innocente è completamente priva di ego e di conseguenza sarà la persona più potente.

Amma non può essere altrimenti

Amma: *(a una devota durante il darshan)* A cosa stai pensando?

Domanda: Mi stavo chiedendo come fai a star seduta così tanto per tutte queste ore, con illimitata pazienza e splendore.

Amma: *(ridendo)* Figlia, come mai pensi costantemente, senza alcuna interruzione?

Domanda: È una cosa spontanea. Non posso fare altrimenti.

Amma: Ecco, questa è la risposta: è una cosa spontanea. Amma non può essere altrimenti.

È come riconoscere l'amato

Un uomo fece ad Amma una domanda sull'atteggiamento amante-amato di un aspirante spirituale che segue il sentiero della devozione.

Amma: L'amore può accadere ovunque, in qualsiasi momento. È come riconoscere la tua amata in mezzo alla folla. La vedi in piedi in un angolo tra migliaia di altre persone, ma i tuoi occhi vedono lei e lei soltanto. La riconosci, le parli e ti innamori, non è vero? Non pensi – il pensiero si ferma e, all'improvviso, per qualche momento, sei nel cuore. Rimani nell'amore. In modo simile, succede tutto in un istante. Sei lì, nel centro del tuo cuore, che è puro amore.

Domanda: Se quello è il vero centro dell'amore, allora cos'è che ci fa allontanare e distrarre da quel punto?

Amma: Il senso del possesso; in altre parole, l'attaccamento uccide la bellezza di quella pura esperienza. Una volta che l'attaccamento prende il sopravvento, perdi la strada, e l'amore si trasforma in sofferenza.

Il senso di differenza

D omanda: Raggiungerò il *samadhi* [stato di unione con Dio] in questa vita?

Amma: Perché no?

Domanda: Se è così, cosa devo fare per accelerare il processo?

Amma: Innanzitutto, dimenticati del samadhi e concentrati completamente sulla tua *sadhana* [pratiche spirituali] con fede salda. Un vero *sadhak* [aspirante spirituale] crede di più nel presente che nel futuro. Quando riponiamo la nostra fede nel momento presente, anche tutta la nostra energia sarà qui ed ora. Il risultato è l'abbandono. Abbandonati al momento presente, e succederà.

Ogni cosa accade spontaneamente quando ti distanzi dalla tua mente. Una volta che è successo questo, rimarrai completamente nel presente. La mente è l'"altro" in te. È la mente a creare il senso di differenza.

Amma ti racconterà una storia. C'era una volta un acclamato architetto che aveva diversi studenti. Con uno di loro, l'architetto aveva un rapporto molto particolare. Non procedeva con nessun progetto prima di aver ricevuto l'approvazione di questo studente. Se questi diceva no a un disegno o a un progetto, l'architetto lo abbandonava immediatamente e continuava a disegnare fino a quando non otteneva una risposta affermativa. L'architetto era ossessionato dalla sua opinione. Non prendeva nessuna decisione fino a che lo studente non diceva: "Sì, signore, potete procedere."

Un giorno gli commissionarono la costruzione della porta di un tempio. L'architetto incominciò ad abbozzare diversi schizzi e, come al solito, li mostrò tutti al suo allievo. Questi rifiutava tutto ciò che gli veniva mostrato. L'architetto lavorava giorno e notte, creando centinaia di nuovi schizzi. Il tempo stava per scadere, occorreva terminare il progetto in fretta. A un certo punto l'architetto mandò lo studente a riempire di inchiostro la sua penna. Ci volle un po' prima che fosse di ritorno e nel frattempo l'architetto si mise a disegnare un altro modello. Lo terminò proprio nel momento in cui lo studente rientrava e, mostrandoglielo, chiese: "Cosa ne pensi?"

"Sì, è perfetto!", disse lo studente.

"Adesso so il perché!", rispose l'architetto. "Fino ad ora, ero ossessionato dalla tua presenza e opinione e per questo non riuscivo a essere completamente presente in quello che facevo. Quando sei andato via, mi sono sentito libero, rilassato e mi sono abbandonato al momento. Ecco com'è successo."

In verità, non era la presenza del discepolo ma l'attaccamento dell'architetto alle sue opinioni a creare l'impedimento. Quando riuscì a distanziarsene, si trovò improvvisamente nel presente e ne nacque qualcosa di originale.

Pensando che il samadhi sia qualcosa che succederà nel futuro, stai seduto a sognarlo. Sciupi molta *shakti* [energia divina] sognando il samadhi. Dirigi questa shakti nel modo giusto – usala per concentrarti nel momento presente – e la meditazione, o il samadhi, si verificherà spontaneamente. La meta non è nel futuro, è nel presente. Essere nel presente è in verità samadhi, ed è la vera meditazione.

Dio è maschio o femmina?

Domanda: Amma, Dio è maschio o femmina?

Amma: Dio non è né un lui né una lei. Dio è al di là di queste definizioni limitate. Dio è "Esso", o "Quello". Ma se devi proprio attribuire un sesso a Dio, allora è meglio dire che Dio è una lei, perché lei contiene lui.

Domanda: Questa risposta potrebbe irritare gli uomini, perché mette le donne su un piedistallo più elevato.

Amma: Non bisogna mettere su un piedistallo né gli uomini né le donne, visto che Dio ha dato a entrambi un bellissimo posto. Gli uomini e le donne non sono fatti per competere l'uno con l'altro, ma per completarsi a vicenda.

Domanda: Cosa intendi per "completarsi"?

Amma: Sostenersi a vicenda e viaggiare insieme verso la perfezione.

Domanda: Amma, non pensi che gli uomini si sentano superiori alle donne?

Amma: Sentirsi superiori e sentirsi inferiori sono entrambi prodotti dell'ego. Se gli uomini si ritengono superiori alle donne, ciò dimostra soltanto il loro ego esageratamente gonfio, il che è una grande debolezza e un grande pericolo. In modo simile, se le donne si ritengono inferiori agli uomini, ciò significa soltanto: "Adesso siamo inferiori, ma vogliamo essere superiori." Che cos'è questo se non ego? Sono entrambi atteggiamenti sbagliati e dannosi che aumenteranno la distanza tra gli uomini e le donne. Se non creiamo un ponte dando il dovuto rispetto e amore sia agli uomini che alle donne, il futuro dell'umanità non potrà che incupirsi.

La spiritualità crea equilibrio

Domanda: Amma, quando hai detto che Dio è più una lei che un lui, non intendevi l'aspetto fisico, vero?

Amma: No, non l'aspetto fisico. È la realizzazione interiore che conta. C'è una donna in ogni uomo e viceversa. È la donna nell'uomo – cioè il vero amore e la compassione – a doversi risvegliare. Questo è il significato dietro l'*Ardhanarishwara* [divinità metà uomo e metà donna] nella fede induista. Se l'aspetto femminile nella donna è assopito, lei non è una madre ed è lontana da Dio. Ma se questo aspetto è risvegliato in un uomo, lui è più una madre, ed è più vicino a Dio. Questo vale anche per le qualità mascoline. Tutto lo scopo della spiritualità è di creare il giusto equilibrio tra il maschile e il femminile. Quindi, il risveglio interiore della coscienza è più importante dell'apparenza esterna.

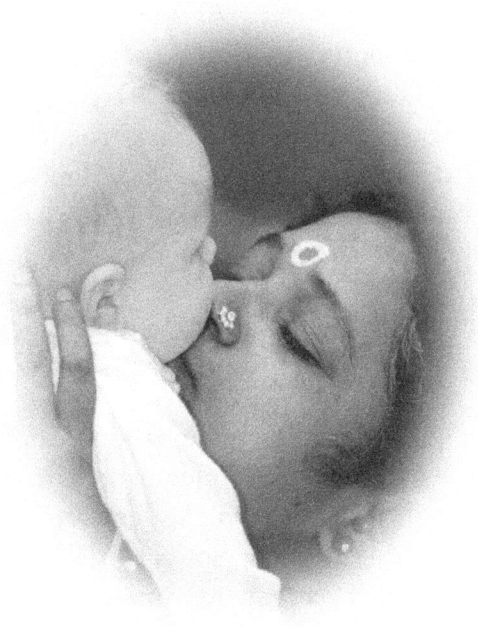

Attaccamento e amore

Un uomo di mezza età stava spiegando ad Amma la tristezza causata dal divorzio dalla moglie.

Domanda: Amma, l'amavo così tanto e facevo tutto il possibile per renderla felice. Nonostante ciò, nella mia vita è successa questa tragedia. A volte mi sento distrutto. Ti prego aiutami. Cosa devo fare? Come faccio a superare questo dolore?

Amma: Figlio, Amma capisce il tuo dolore e la tua sofferenza. È difficile superare situazioni così deprimenti dal punto di vista emotivo. Tuttavia, è anche importante avere una giusta comprensione di ciò che stai attraversando, specialmente perché è diventato un ostacolo nella tua vita.

La cosa più importante su cui dovresti riflettere è se questa tristezza derivi da un vero amore o dall'attaccamento. Nel vero amore, non esiste un dolore autodistruttivo, perché tu semplicemente ami tua moglie e non la possiedi. Probabilmente tu sei troppo attaccato a lei o troppo possessivo. È da lì che provengono questa tristezza e questi pensieri dolorosi.

Domanda: Hai un metodo semplice o una tecnica per superare questo dolore autodistruttivo?

Amma: "Sono davvero innamorato o sono troppo attaccato?" Fatti questa domanda più profondamente che puoi. Meditaci sopra. E presto ti renderai conto che l'amore che conosciamo è in realtà attaccamento. La maggior parte delle persone desidera l'attaccamento, non il vero amore. Amma direbbe che questa è un'illusione. In un certo senso, tradiamo noi stessi. Scambiamo l'attaccamento per amore. L'amore è al centro, e l'attaccamento alla periferia. Resta nel centro e staccati dalla periferia. Così il dolore se ne andrà.

Domanda: *(confessando)* Hai ragione. Mi rendo conto che il mio sentimento predominante nei confronti della mia ex moglie è l'attaccamento e non l'amore, come hai detto tu.

Amma: Se hai capito la causa del dolore, lasciala andare e liberati. La malattia è stata diagnosticata, la parte infetta è stata trovata – adesso rimuovila. Perché continuare a portare questo inutile fardello? Gettalo via.

Come superare i
pericoli della vita

Domanda: Amma, come faccio a riconoscere i pericoli incombenti nella vita?

Amma: Aumentando il tuo potere di discernimento.

Domanda: Discernimento significa sottigliezza mentale?

Amma: Significa la capacità della mente di rimanere vigile nel presente.

Domanda: Ma, Amma, come può questo avvertirmi dei pericoli futuri?

Amma: Se sei vigile nel presente, affronterai meno pericoli nel futuro. Tuttavia, non puoi evitare tutti i pericoli.

Domanda: Il *Jyotish* [astrologia vedica] ci può aiutare a capire meglio il futuro e quindi a evitare possibili pericoli?

Amma: Anche gli esperti in quel campo attraversano periodi difficili nella vita. Ci sono astrologi che hanno ben poco discernimento e intuizione. Tali persone mettono in pericolo la propria vita e quella degli altri. Non è la conoscenza dell'astrologia né il farsi leggere il quadro natale che ci tiene lontani dai pericoli della vita. Sono una comprensione più profonda e un approccio discriminante alle varie situazioni che davvero aiutano ad avere più pace e meno problemi.

Domanda: Discernimento e comprensione sono la stessa cosa?

Amma: Sì, sono la stessa cosa. Più discernimento hai, più comprensione acquisisci, e viceversa.

Più grande è la tua capacità di rimanere nel presente, più vigile diventerai e più rivelazioni avrai. Riceverai più messaggi dal Divino. Ogni momento ti porta simili messaggi. Se sei aperto e ricettivo, riesci a percepirli.

Domanda: Amma, stai dicendo che queste rivelazioni ci aiuteranno a riconoscere i possibili pericoli futuri?

Amma: Sì, da tali rivelazioni riceverai suggerimenti e segnali.

Domanda: Che tipo di suggerimenti e segnali?

Amma: Come fai a sapere che ti sta per venire un'emicrania? Ti sentirai molto a disagio e comincerai a vedere dei cerchi neri di fronte agli occhi, giusto? Una volta che i sintomi si manifestano, prendi la medicina giusta e ti senti meglio. In modo analogo, nella vita, prima dei fallimenti e dei problemi, appaiono dei segnali. La gente generalmente se li lascia sfuggire. Tuttavia, se hai una mente chiara e ricettiva, li puoi percepire e prendere le misure necessarie per superarli.

Amma ha sentito il seguente aneddoto. Un giornalista stava intervistando un uomo d'affari di successo. Il reporter chiese: "Signore, qual è il segreto del vostro successo?"

Uomo d'affari: "Due parole."

Giornalista: "Quali?"

Uomo d'affari: "Decisioni giuste."

Giornalista: "Come fate a prendere le decisioni giuste?"

Uomo d'affari: "Una parola."

Giornalista: "Quale?"

Uomo d'affari: "Esperienza."

Giornalista: "Da dove vi viene l'esperienza?"

Uomo d'affari: "Due parole."

Giornalista: "Quali?"

Uomo d'affari: "Decisioni sbagliate."

Quindi vedi, figlio mio, che tutto dipende da come accetti, capisci e ti abbandoni alle situazioni.

Amma ti racconterà un'altra storia. Invitati da Yudhishthira, i Kaurava visitarono Indraprastha, la capitale del regno dei Pandava[2]. Il luogo era stato costruito con tale maestria che alcuni punti sembravano dei bellissimi laghi, mentre in realtà erano soltanto normali pavimenti. In modo simile, c'erano altri posti che, sebbene sembrassero dei normali pavimenti, erano in realtà piscine piene d'acqua. Tutto l'ambiente aveva un'aria surreale. I cento Kaurava, guidati da Duryodhana, il più anziano di loro, camminando attraverso il bellissimo giardino, furono sul punto di svestirsi per nuotare, pensando di avere di fronte una vasca d'acqua. Ma in realtà si trattava di un semplice pavimento che aveva soltanto la parvenza di una piscina. Poco dopo, invece, tutti

---

[2] I Pandava e i Kaurava erano le due parti rivali che combatterono nella Guerra del Mahabharata.

i fratelli, incluso Duryodhana, caddero in una vera piscina che sembrava un normale pavimento, e si inzupparono dalla testa ai piedi. Panchali, la moglie dei cinque fratelli Pandava, scoppiò a ridere vedendo questa scena comica. Duryodhana e i suoi fratelli si sentirono gravemente insultati.

Questo fu uno degli episodi chiave che, scatenando nei fratelli Kaurava molta rabbia e desiderio di vendetta, portarono in seguito alla Guerra del Mahabharata, che causò enorme distruzione.

Questa storia ha un grande significato. Anche nella vita reale affrontiamo molte situazioni apparentemente molto pericolose, e quindi prendiamo tante misure precauzionali. Tuttavia, alla fine possono rivelarsi delle situazioni innocue. Altre circostanze che sembrano sicure possono alla fine risultare molto precarie. Niente è insignificante. Questa è la ragione per cui è importante avere *shraddha* [acuto discernimento, vigilanza e consapevolezza] quando si affronta la vita e le varie esperienze che essa porta.

Non accumulare la ricchezza di Dio

Domanda: Accumulare e possedere è un peccato?

Amma: Non è un peccato finché hai compassione. In altre parole, devi essere disposto a condividere quello che hai con i poveri e i bisognosi.

Domanda: Altrimenti?

Amma: Altrimenti è un peccato.

Domanda: Perché?

Amma: Perché tutto quello che esiste appartiene a Dio. La nostra proprietà è temporanea; viene e va.

Domanda: Ma Dio non vuole che usiamo tutto ciò che ha creato per noi?

Amma: Certo, ma Dio non vuole che usiamo queste cose nel modo sbagliato. Dio vuole anche che usiamo il discernimento mentre ci godiamo ciò che Egli ha creato.

Domanda: Cos'è il discernimento?

Amma: Discernimento è mettere in pratica la conoscenza in modo tale che non ti porti sulla strada sbagliata. In altre parole, il discernimento è usare la conoscenza per distinguere tra *dharma* e *adharma* [rettitudine e ingiustizia], tra permanente e impermanente.

Domanda: Come facciamo allora a usare gli oggetti del mondo con discernimento?

Amma: Rinunciate al senso del possesso – godetevi le cose sapendo che appartengono a Dio. Questo mondo è una fermata temporanea. Siete qui per un breve periodo, siete in visita. A causa della vostra ignoranza, dividete ogni cosa, ogni centimetro di terra, "questo è mio e questo è loro." Il pezzo di terra che rivendicate come vostro è appartenuto a molti altri prima di voi. I proprietari precedenti sono seppelliti lì. Oggi potrà essere il vostro turno di interpretare il ruolo del padrone, ma ricordate, un giorno anche voi scomparirete. Arriverà qualcun altro e indosserà i vostri panni. Quindi, che significato ha questo senso del possesso?

Domanda: Che ruolo devo interpretare io?

Amma: Sii il servo di Dio. Dio, Colui che dona ogni cosa, vuole che tu condivida la Sua ricchezza con tutti. Se questa è la volontà di Dio, chi sei tu per tenerti tutto? Se, andando contro la volontà di Dio, ti rifiuti di condividere questa ricchezza, allora l'accumuli, il che equivale a rubare. Abbi l'atteggiamento di un visitatore in questo mondo.

Una volta, un uomo fece visita a un *Mahatma* [Grande Anima]. Vedendo che nella casa non c'era mobilio, l'uomo chiese a questa Grande Anima: "Che strano, perché non ci sono mobili qui?"

"Tu chi sei?", chiese il Mahatma.

"Sono un visitatore", rispose l'uomo.

"Lo sono anch'io", disse il Mahatma. "Perché dovrei quindi accumulare stupidamente delle cose?"

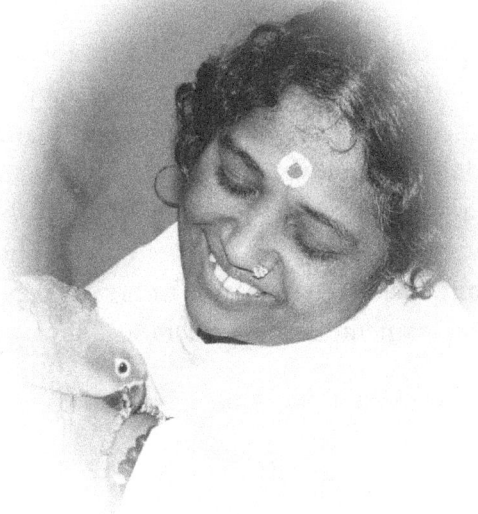

Amma e la Natura

Domanda: Qual è il tuo rapporto con la Natura?

Amma: Il legame di Amma con la Natura non è un rapporto; è un'unione totale. Un amante di Dio è anche un amante della Natura, perché Dio e la Natura non sono due cose diverse. Quando raggiungi l'illuminazione, stabilisci un legame con l'universo intero. Nel rapporto di Amma con la Natura non c'è l'amante né l'amato – c'è solo l'amore. Non c'è dualità, ma unità; esiste solo l'amore.

Generalmente nelle relazioni manca l'amore. Nei normali rapporti d'amore, si è in due – o forse potremmo dire in tre – l'amante, l'amato e l'amore. Nel vero amore, invece, l'amante e l'amato scompaiono, e ciò che rimane è un'esperienza ininterrotta di amore puro e incondizionato.

Domanda: Cos'è la Natura per gli esseri umani?

Amma: Per gli esseri umani Natura significa vita. È parte integrante della nostra esistenza. È un rapporto reciproco che avviene in ogni momento e a ogni livello. Non solo siamo totalmente dipendenti dalla Natura, ma abbiamo un effetto su di lei e lei su di noi. E quando amiamo davvero la Natura, lei risponde a tono e ci offre le sue infinite risorse. E, proprio come quando amiamo davvero un'altra persona, nel nostro amore per la Natura dobbiamo essere infinitamente fedeli, pazienti e compassionevoli.

Domanda: Questo rapporto è uno scambio o un mutuo sostegno?

Amma: Entrambi e anche di più. Tuttavia la Natura continuerà a esistere anche senza gli esseri umani. Sa come prendersi cura di se stessa. Ma gli esseri umani hanno bisogno del sostegno della Natura per la propria esistenza.

Domanda: Cosa succede se lo scambio tra la Natura e gli esseri umani diventa perfetto?

Amma: Lei non ci nasconderà più nulla. Aprendo l'infinito tesoro di ricchezze naturali, ci permetterà di goderne. Come una madre, ci proteggerà, ci nutrirà e ci farà crescere.

In un rapporto perfetto tra l'umanità e la Natura, si crea un campo circolare di energia in cui entrambe incominciano a fluire l'una nell'altra. Per metterla in un altro modo, quando noi esseri umani ci innamoreremo della Natura, lei si innamorerà di noi.

Domanda: Perché la gente si comporta in modo così crudele nei confronti della Natura? È egoismo o mancanza di comprensione?

Amma: Entrambi. In verità, è una mancanza di comprensione che si manifesta in azioni egoiste.

Praticamente, è ignoranza. A causa dell'ignoranza, la gente pensa che la Natura sia soltanto qualcosa da cui si può continuare ad attingere senza dare nulla in cambio. La maggior parte degli esseri umani conosce soltanto il linguaggio dello sfruttamento. A causa del loro estremo egoismo, non sono in grado di tenere in considerazione gli altri. Nel mondo odierno, il nostro rapporto con la Natura non è che una continuazione dell'egoismo che abbiamo dentro.

Domanda: Amma, cosa intendi per "tenere in considerazione gli altri"?

Amma: Amma intende considerare gli altri con compassione. Per poter tenere in considerazione gli altri – Natura o esseri umani – la prima qualità che bisogna sviluppare è un profondo legame interiore, un legame con la propria coscienza. La coscienza, nel vero senso della parola, è la capacità di vedere gli altri come noi stessi. Proprio come vedi la tua immagine allo specchio, vedi gli altri come te stesso. Rifletti gli altri e i loro sentimenti, la felicità e il dolore. Nel nostro rapporto con la Natura dobbiamo sviluppare questa capacità.

Domanda: Gli abitanti originari di questo Paese erano gli Indiani d'America. Essi veneravano la Natura e avevano con lei un profondo legame. Pensi che dovremmo fare anche noi la stessa cosa?

Amma: La scelta giusta per ognuno dipende dalla propria conformazione mentale. Tuttavia, la Natura è parte della vita, parte del tutto. La Natura è in verità Dio. Venerare la Natura equivale a venerare Dio.

Venerando il monte Govardhana, il Signore Krishna ci ha insegnato una grande lezione: rendere la venerazione della Natura parte della nostra vita quotidiana. Egli chiese agli abitanti di Vrindavan di venerare il monte Govardhana, perché esso li proteggeva. In modo simile, il Signore Rama, prima di costruire il ponte sul mare, compì per tre giorni severe austerità per compiacere l'oceano. Persino i *Mahatma* [Grandi Anime] hanno un grande rispetto e riguardo verso la Natura e cercano la sua benedizione prima di intraprendere un'azione. In India ci sono templi dedicati a uccelli, animali, alberi e addirittura a lucertole e serpenti velenosi, a sottolineare il grande significato del legame tra l'uomo e la Natura.

Domanda: Amma, cosa consigli per ristabilire il rapporto tra gli esseri umani e la Natura?

Amma: Sforziamoci di avere compassione e considerazione. Prendiamo dalla Natura soltanto ciò di cui abbiamo davvero bisogno, e poi cerchiamo di restituirglielo in parte. Perché soltanto donando riceveremo. Una benedizione è qualcosa che ritorna a noi in risposta al modo in cui avviciniamo qualcosa. Se ci avviciniamo alla Natura con amore, ritenendola come la vita, come Dio, come parte della nostra stessa esistenza, allora lei ci servirà come la nostra migliore amica, un'amica di cui ci possiamo sempre fidare, un'amica che non ci tradirà mai. Ma se il nostro atteggiamento nei suoi confronti è sbagliato, allora, invece di una benedizione riceveremo una reazione negativa dalla Natura. Se nel nostro rapporto con lei non facciamo attenzione, la Natura si rivolterà contro la razza umana, e le conseguenze potrebbero essere disastrose.

Molte cose create da Dio sono andate distrutte a causa del comportamento sbagliato della gente e della totale indifferenza verso la Natura. Continuando a comportarci in questo modo, non facciamo che avviarci verso il disastro.

Sannyasa, il culmine dell'esistenza umana

Domanda: Che cos'è il *sannyasa* [voto formale di rinuncia]?

Amma: Il sannyasa è la vetta dell'esistenza umana. È il compimento della vita umana.

Domanda: Il sannyasa è uno stato mentale, o è qualcos'altro?

Amma: Il sannyasa è sia uno stato mentale che uno stato di "non-mente".

Domanda: Amma, come spiegheresti quello stato... o qualunque cosa sia?

Amma: Quando persino le esperienze concrete sono difficili da spiegare, come si fa a spiegare il sannyasa, la forma più elevata di esistenza? È uno stato in cui interiormente si ha completa libertà di scelta.

Domanda: Amma, so che faccio troppe domande, ma cosa intendi per "avere libertà di scelta interiore"?

Amma: Gli esseri umani sono schiavi dei loro pensieri. La mente non è altro che un continuo flusso di pensieri. La pressione creata da questi pensieri ci rende vittime indifese delle situazioni esterne. In una persona ci sono infiniti pensieri ed emozioni, sia sottili che grossolani. Incapace di osservare attentamente e discernere tra quelli buoni e quelli cattivi, tra i produttivi e i distruttivi, la maggior parte delle persone diventa facile preda di impulsi dannosi e si identifica con le emozioni negative. Nello stato supremo di sannyasa, si ha la scelta tra identificarsi con ogni particolare emozione e pensiero o rimanerne distaccati. Puoi scegliere se cooperare o meno con ogni pensiero, emozione e situazione. Anche se scegli di identificarti, hai la capacità di ritrarti e procedere in qualsiasi momento. Questa, davvero, è completa libertà.

Domanda: Qual è il significato dell'abito ocra indossato dai *sannyasi* [monaci che hanno fatto voto formale di rinuncia]?

Amma: Esso indica il raggiungimento interiore, o la meta a cui desideri arrivare. Significa anche che non sei più interessato agli obiettivi materiali – una dichiarazione che la tua vita è dedicata a Dio e alla realizzazione del Sé. Il tuo corpo e la tua mente sono consumati dal fuoco del *vairagya* [distacco] e tu non appartieni più a nessuna particolare nazione, casta, credo, setta o religione. Tuttavia, sannyasa non è soltanto indossare un abito di un determinato colore.

L'abito simboleggia uno stato dell'essere, lo stato trascendentale. Il sannyasa è un cambiamento interiore nei tuoi atteggiamenti verso la vita e nel tuo modo di percepirla. Diventi completamente privo di ego, non appartieni più a te stesso, ma al mondo, la tua vita diviene un'offerta al servizio dell'umanità. In quello stato non ti aspetti né chiedi nulla a nessuno. Nello stato di vero sannyasa, diventi più una presenza che una personalità.

Durante la cerimonia, quando riceve il sannyasa dal Maestro, il discepolo si taglia il piccolo ciuffo di capelli che ha sempre portato sulla nuca e poi offre sia il ciuffo di capelli che il cordoncino sacro[3] nel fuoco sacrificale. Ciò simboleggia la rinuncia, da

---

[3] Composto da tre cordoncini, lo *yajnopavitam* è indossato di traverso sul corpo per rappresentare le responsabilità che si hanno verso la famiglia, la società e il Guru.

quel momento in poi, a ogni attaccamento al corpo, alla mente
e all'intelletto, e a tutti i piaceri.

I sannyasi dovrebbero lasciarsi crescere i capelli o rasarsi completamente. In passato, essi si facevano crescere i capelli senza mai
pettinarsi. Questo mostra il distacco verso il corpo. Non sei più
interessato ad abbellire il corpo, perché la vera bellezza consiste
nel conoscere l'*Atman* [il Sé]. Il corpo cambia e perisce. A cosa
serve essergli inutilmente attaccato quando la tua vera natura è
il Sé immutabile e immortale?

Nutrire attaccamento per ciò che è transitorio è la causa di
ogni dolore e sofferenza. Un sannyasi è colui che ha realizzato
questa grande verità – la natura transitoria del mondo esterno e
la natura immortale della coscienza, che dona bellezza e fascino
a tutto.

Il vero sannyasa non è qualcosa che possa essere conferito,
ma una realizzazione.

Domanda: Vuoi dire che è un raggiungimento?

Amma: Stai facendo di nuovo la stessa domanda. Il sannyasa è il
culmine di tutti i preparativi che vanno sotto il nome di *sadhana*
[pratiche spirituali].

Ascolta, possiamo soltanto raggiungere qualcosa che non è
nostro, qualcosa che non è parte di noi. Lo stato di sannyasa è il
cuore della nostra esistenza, ciò che noi siamo veramente. Fino a
che non lo realizzerai, potrai chiamarlo un raggiungimento, ma
quando sorge la vera conoscenza capisci che è il tuo vero io e che
non ne sei mai stato lontano – non avresti mai potuto esserlo.

Questa capacità di sapere chi siamo davvero risiede dentro
ognuno di noi, ma viviamo in uno stato di dimenticanza.
Qualcuno deve ricordarci dell'infinito potere che abbiamo dentro.

Per esempio, c'è una persona che si guadagna da vivere ele-
mosinando per le strade. Un giorno, uno sconosciuto lo avvicina

e gli dice: "Ehi, che cosa stai facendo? Non sei né un mendicante né un vagabondo. Sei un multimilionario."

Il mendicante non gli crede e se ne va, ignorandolo completamente. Ma lo sconosciuto continua a insistere amorevolmente. Segue il mendicante e gli dice: "Fidati di me. Sono tuo amico e voglio aiutarti. Ti sto dicendo la verità. Sei davvero un uomo ricco e il tesoro che possiedi è in verità molto vicino a te."

Questo stuzzica la curiosità del mendicante, che chiede: "Molto vicino? Dove?"

"Proprio nella capanna in cui vivi", replica lo sconosciuto. "Basta scavare un po' perché diventi tuo per sempre."

Adesso il mendicante non vuole sprecare nemmeno un momento. Ritorna immediatamente a casa, scava e trova il tesoro.

Lo sconosciuto rappresenta il vero Maestro, che dà le informazioni giuste e ci convince, persuade e ispira a scavare per estrarre il tesoro dal valore inestimabile che giace dentro di noi. Siamo in uno stato di dimenticanza. Il Guru ci aiuta a capire chi siamo davvero.

Esiste un solo dharma

Domanda: Ci sono molti *dharma* [doveri]?

Amma: No, esiste un solo dharma.

Domanda: Ma le persone parlano di vari dharma...

Amma: Perché non vedono la realtà unica. Vedono soltanto la molteplicità dei nomi e delle forme. Tuttavia, a seconda delle proprie *vasana* [tendenze], esiste più di un dharma, per così dire. Per esempio, un musicista potrà dire che la musica è il suo dharma. In modo analogo, un uomo d'affari potrà dire che fare affari è il suo dharma. Non c'è nulla di male in questo, tuttavia, non si può trovare un vero appagamento in nessuna di queste cose. Ciò che dà assoluta soddisfazione e pienezza è il vero dharma. Qualsiasi cosa facciamo, se non troviamo appagamento in noi stessi, la pace ci sfuggirà e continueremo ad avere la sensazione che "manchi qualcosa". Niente, nessun conseguimento materiale, riempirà questo vuoto nella vita di una persona. Affinché sorga questo senso di appagamento si dovrà trovare il proprio centro. È questo il vero dharma. Fino a quel momento si continuerà a girare in tondo, alla ricerca di pace e gioia.

Domanda: Se si segue il dharma con esattezza, si otterrà sia prosperità materiale che crescita spirituale?

Amma: Sì, se seguite il dharma secondo il suo vero significato, ciò vi aiuterà senz'altro a raggiungere entrambe le cose.

Il re demone Ravana aveva due fratelli, Kumbhakarna e Vibhishana. Quando Ravana rapì Sita, la sacra consorte del Signore Rama, entrambi i fratelli avvertirono ripetutamente Ravana delle disastrose conseguenze che ciò avrebbe comportato, e gli consigliarono di restituire Sita a Rama. Lui ignorò completamente le loro suppliche e infine dichiarò guerra a Rama. Sebbene fosse consapevole dell'atteggiamento disonesto del fratello maggiore, l'attaccamento che Kumbhakarna aveva per Ravana e l'amore per la razza demone lo fecero infine cedere al volere del fratello. Vibhishana, invece, era un'anima molto pia e devota. Non riusciva ad accettare i metodi *adharmici* [iniqui] del fratello e continuò a esprimere le proprie preoccupazioni, cercando di fargli cambiare atteggiamento. Tuttavia Ravana non accettò, né prese in considerazione né ascoltò mai le sue opinioni. Infine, l'egocentrico Ravana si arrabbiò così tanto con il fratello minore per la sua persistenza da esiliarlo dal Paese. Vibhishana prese rifugio ai piedi di Rama. Nella guerra che seguì, Ravana e Kumbhakarna furono uccisi e Sita fu riconquistata. Prima del suo ritorno ad Ayodhya, la sua patria, Rama incoronò Vibhishana re di Lanka.

Di tutti e tre i fratelli, Vibhishana fu l'unico che riuscì a creare un equilibrio tra i suoi dharma materiali e quelli spirituali. Come ci riuscì? Mantenendo una prospettiva spirituale anche svolgendo le proprie responsabilità materiali, e non viceversa. Questo modo di compiere i propri doveri materiali condurrà una persona alla realizzazione finale. Gli altri due fratelli, invece, avevano un modo di pensare materialistico anche quando svolgevano il loro dharma spirituale.

L'atteggiamento di Vibhishana era del tutto altruista. Non chiese a Rama di essere incoronato re. Voleva soltanto essere radicato nel dharma. Ma quel voto e quella determinazione incrollabili gli fecero guadagnare ogni benedizione. Egli raggiunse sia la prosperità materiale che quella spirituale.

Domanda: Amma, è una bellissima storia. Tuttavia, i veri aspiranti spirituali non desiderano la prosperità materiale, non è vero?

Amma: No, l'unico dharma di un aspirante sincero è l'illuminazione. Non si accontenterà di nient'altro. Per una persona così, tutto il resto è immateriale.

Domanda: Amma, ho ancora una domanda. Pensi che ci siano dei Ravana e dei Kumbhakarna nel mondo odierno? Se sì, sarà facile per dei Vibhishana sopravvivere nella società?

Amma: *(ridendo)* C'è un Ravana e un Kumbhakarna in tutti. La differenza è solo nel grado. Naturalmente esistono anche persone con qualità demoniache estreme, come Ravana e Kumbhakarna. In verità, tutto il caos e i conflitti che si vedono nel mondo d'oggi non sono altro che la somma di menti di questo tipo. Tuttavia, i veri Vibhishana sopravvivranno, perché prenderanno rifugio in Rama, in Dio, che li proteggerà.

Domanda: Anche se ho detto che quella era la mia ultima domanda, a dire il vero ne ho ancora una, se Amma me la permette.

Amma: Okay, chiedi pure.

Domanda: Personalmente, cosa pensi di questi Ravana del giorno d'oggi?

Amma: Sono anche loro figli di Amma.

Azione unificata come dharma

In questo *Kaliyuga* [l'era cupa del materialismo], in tutto il mondo la tendenza generale delle persone è di allontanarsi l'una dall'altra. Esse vivono separate come isole, senza legami interiori. Ciò è pericoloso e aumenterà soltanto la densità delle tenebre che ci circondano. Tra le persone, o tra gli esseri umani e la natura, è l'amore a creare il ponte, il legame. Un'azione unificata è la forza del mondo odierno. Quindi, questo dovrebbe essere considerato uno dei *dharma* [doveri] principali di questo periodo."

Devozione e consapevolezza

Domanda: C'è qualche legame tra consapevolezza e devozione?

Amma: Pura devozione è amore incondizionato. Amore incondizionato è abbandono. Totale abbandono significa essere completamente aperti e vasti. Questa apertura o vastità è consapevolezza. Queste sono, in verità, le qualità del Divino.

Aiutare il cuore chiuso del discepolo ad aprirsi

Domanda: Amma, tu dici ai tuoi devoti e discepoli che un Guru personale è davvero necessario per raggiungere Dio, ma tu hai considerato tutto il Creato come tuo Guru. Non pensi che anche altri abbiano questa stessa opzione?

Amma: Certo. Ma sul sentiero spirituale le opzioni generalmente non funzionano.

Domanda: Nel tuo caso ha funzionato, non è vero?

Amma: Nel caso di Amma non è stata una scelta, ma semplicemente qualcosa di spontaneo.

Ascolta, figlio mio, Amma non impone niente a nessuno. Per chi ha la fede incrollabile che ogni singola situazione, positiva o negativa, sia un messaggio da parte di Dio, un Guru esteriore non è necessario. Ma quante persone hanno questa forza e determinazione? Il sentiero che porta a Dio non è qualcosa che può essere imposto. Così non funziona. Anzi, l'imposizione potrà addirittura rovinare l'intero processo. Su questo sentiero, il Guru deve essere immensamente paziente con il discepolo. Proprio come un bocciolo si schiude fino a diventare un fiore profumato, il Guru aiuta il cuore chiuso del discepolo ad aprirsi completamente.

I discepoli sono ignoranti e il Guru è risvegliato. I discepoli non hanno la minima idea del Guru e del livello da cui opera. A causa della loro ignoranza, a volte i discepoli possono diventare estremamente impazienti. Critici come sono, possono addirittura rimproverare il Guru. In tali circostanze, soltanto l'amore incondizionato e la compassione di un Maestro perfetto sono in grado di aiutare davvero il discepolo.

Il significato della gratitudine

Domanda: Cosa significa essere grati al Maestro, o a Dio?

Amma: Avere un atteggiamento umile, aperto, di preghiera, e questo ti aiuta a ricevere la grazia di Dio. Un vero Maestro non ha niente da guadagnare né da perdere. Stabile nello stato supremo del distacco, per il Maestro non fa differenza se tu sei grato o meno. Tuttavia, un atteggiamento di gratitudine ti aiuta a essere ricettivo alla grazia di Dio. La gratitudine è un'attitudine interiore. Sii grato a Dio, perché questo è il modo migliore per uscire dal mondo ristretto creato dal corpo e dalla mente ed entrare nel vasto mondo interiore.

Il potere dietro il corpo

Domanda: Ogni anima è diversa e ha un'esistenza individuale separata?

Amma: L'elettricità è forse diversa, sebbene si manifesti differentemente nei ventilatori, nei frigoriferi, nei televisori e in altri apparecchi?

Domanda: No, ma le anime hanno un'esistenza separata dopo la morte?

Amma: A seconda del loro *karma* [effetto delle azioni passate] e delle *vasana* [tendenze] accumulate, avranno un'esistenza apparentemente separata.

Domanda: Le nostre anime individuali hanno dei desideri anche in quello stato?

Amma: Sì, ma non possono soddisfarli. Proprio come qualcuno completamente paralizzato non è in grado di alzarsi e di prendere ciò che vuole, tali anime non sono in grado di soddisfare i propri desideri, dato che non hanno un corpo.

Domanda: Per quanto tempo rimangono in questo stato?

Amma: Dipende dall'intensità del loro *prarabdha karma* [il risultato delle azioni passate che si sta manifestando nel presente].

Domanda: Cosa succede dopo che si è esaurito?

Amma: Queste anime rinascono, e il ciclo continua fino a quando non realizzano chi sono davvero.

A causa della nostra identificazione con il corpo e con la mente, noi pensiamo: "Sono io che agisco, sono io che penso", e così via. In realtà, senza la presenza dell'*Atman* [il Sé], né il corpo né la mente possono funzionare. Un elettrodomestico può funzionare senza elettricità? Non è la forza elettrica a far muover tutto? Senza quel potere, persino un'apparecchiatura gigantesca non è altro che un cumulo di ferro o acciaio. In modo simile, non importa cosa o chi siamo, è la presenza dell'Atman che ci aiuta a fare tutto. Senza di essa siamo soltanto materia inerte. Dimenticare l'Atman e venerare il corpo è come ignorare l'elettricità e innamorarsi dell'apparecchiatura.

Due esperienze vitali

Domanda: I Maestri perfetti possono scegliere il momento e le circostanze della loro nascita e della loro morte?

Amma: Soltanto un essere perfetto ha un controllo totale su queste situazioni. Tutti gli altri sono completamente inermi durante queste due esperienze vitali. Così come nessuno vi domanderà dove volete nascere o chi o cosa volete essere, allo stesso modo, non riceverete nessun messaggio che vi chiederà se siete pronti a morire.

Sia chi si lamentava continuamente del proprio piccolo monolocale, sia chi si godeva il lusso del suo palazzo, resteranno silenziosi e comodi nel piccolo spazio della bara quando la presenza dell'*Atman* [il Sé] non ci sarà più. Una persona che non riusciva a vivere senza aria condizionata nemmeno per un istante non avrà alcun problema mentre il suo corpo verrà consumato dalla pira funeraria. Perché? Perché a quel punto non sarà altro che un oggetto inerte.

Domanda: La morte è un'esperienza terrificante, non è vero?

Amma: È terrificante per coloro che vivono la vita identificandosi completamente con l'ego, senza rivolgere alcun pensiero alla realtà che è oltre il corpo e la mente.

Considerare gli altri

Un devoto voleva una definizione della spiritualità che fosse semplice, facilmente comprensibile e breve. Amma disse: "Spiritualità è considerare gli altri con compassione."

"Fantastico", disse l'uomo e si alzò per andarsene. Amma improvvisamente gli afferrò la mano e gli disse: "Siediti."

L'uomo obbedì. Tenendo con una mano la devota che stava ricevendo il darshan, Amma si sporse verso l'uomo e gli chiese: "Storia?"

L'uomo rimase un po' perplesso. "Amma, vuoi che ti racconti una storia?"

Amma rise e disse: "No, tu, vuoi sentire una storia?"

L'uomo eccitato rispose: "Certo che voglio sentire una tua storia. Che fortuna!"

Amma incominciò a raccontare.

"Un giorno, mentre un uomo stava dormendo con la bocca aperta, gli entrò in bocca una mosca. E da quel momento in poi, l'uomo credeva che la mosca vivesse dentro di lui.

"Mentre le sue fantasie sulla mosca crescevano, il poverino incominciava a preoccuparsi sempre di più. In breve, le sue preoccupazioni culminarono in intensa sofferenza e depressione. Non riusciva a mangiare o a dormire. Nella sua vita non c'era più gioia. I suoi pensieri erano sempre concentrati sulla mosca. Lo si vedeva scacciare la mosca da una parte del corpo all'altra.

"Si recò da vari dottori, psicologi, psichiatri e altri specialisti, perché lo aiutassero a sbarazzarsi della mosca. Tutti gli dicevano:

'Senta, lei sta bene. Non c'è nessuna mosca dentro di lei. Anche se la mosca fosse entrata, sarebbe ormai morta da tempo. La smetta di preoccuparsi, lei sta bene.'

"Ma l'uomo non credeva a nessuno di loro e continuava a soffrire. Un giorno un suo caro amico lo accompagnò da un *Mahatma* [Grande Anima]. Dopo aver ascoltato la storia della mosca con grande attenzione, il Mahatma esaminò l'uomo e disse: 'Hai ragione. C'è davvero una mosca dentro di te. Vedo che si muove.'

"Continuando a osservare attraverso la sua bocca spalancata, il Maestro disse: 'Oh, mio Dio! Guarda un po'! Con il passare dei mesi è cresciuta.'

"Nel momento in cui il Mahatma pronunciò queste parole, l'uomo si voltò verso l'amico e la moglie e disse: 'Avete visto, quei cretini non hanno capito niente. Questo tipo mi capisce. Ha avvistato la mosca senza indugi.'

"Il Mahatma disse: 'Non muoverti. Persino il più piccolo movimento può compromettere l'intero procedimento.' Poi coprì l'uomo dalla testa ai piedi con una pesante coperta. 'In questo modo sarà tutto più veloce. Voglio rendere tutto il corpo, e anche l'interno del corpo, così buio che la mosca non sia in grado di vedere. Quindi non aprire nemmeno gli occhi.'

"L'uomo a questo punto si fidava già così tanto del Mahatma che era disposto a fare tutto ciò che gli diceva.

"'Adesso rilassati e non muoverti.' Così dicendo, il Mahatma si recò in un'altra stanza per catturare una mosca. Riuscì infine a prenderne una e, dopo averla messa in una bottiglia, ritornò dall'uomo.

"Incominciò a muovere gentilmente le sue mani sul corpo del paziente. Mentre faceva così, il Mahatma faceva una telecronaca dei movimenti della mosca. Disse: 'Okay, non muoverti, la mosca si è posata sullo stomaco... prima che potessi fare qualcosa è volata via e si è posata sui polmoni. L'ho quasi presa... oh, no, mi è scappata di nuovo! È davvero veloce! Adesso è tornata sullo stomaco... okay, ora reciterò un mantra che la immobilizzerà.'

"Fece poi finta di catturare la mosca e di estrarla dallo stomaco del paziente. Qualche secondo dopo il Mahatma chiese all'uomo di aprire gli occhi e di togliersi la coperta. Il Mahatma gli mostrò allora la mosca che aveva catturato in precedenza e messo nella bottiglia.

"L'uomo era fuori di sé dalla gioia. Incominciò a ballare. Disse alla moglie: 'Ti ho detto mille volte che avevo ragione e che quegli psicologi erano dei cretini. Adesso vado dritto da loro. Rivoglio indietro tutti i miei soldi!'

"In verità, non c'era nessuna mosca. L'unica differenza è che il Mahatma tenne in considerazione l'uomo, mentre gli altri non lo fecero. Essi dissero la verità, ma ciò non gli fu d'aiuto. Invece il Mahatma lo sostenne, lo capì, gli dimostrò empatia e vera compassione. Ciò aiutò l'uomo a superare la sua debolezza.

"Il Mahatma aveva una comprensione più profonda dell'uomo, della sua sofferenza e della sua condizione mentale, e quindi scese al suo livello. Gli altri, invece, rimasero al proprio livello di comprensione e non tennero in considerazione il paziente."

Amma fece una pausa e poi proseguì: "Figlio, questo è l'intero processo della realizzazione spirituale. Il Maestro considera come vera la mosca dell'ignoranza del discepolo – l'ego. Tenendo in considerazione il discepolo e la sua ignoranza, il Maestro si guadagna la completa cooperazione del discepolo. Senza questa cooperazione, il Maestro non può fare niente. Tuttavia, un discepolo che cerchi realmente la verità non avrà alcun problema a cooperare con un vero Maestro, poiché il Maestro tiene pienamente in considerazione il discepolo e le sue debolezze prima di aiutarlo a risvegliarsi alla Realtà. Il vero compito di un Maestro perfetto è di aiutare il discepolo a divenire anche lui maestro di ogni situazione."

Grembo d'amore

Domanda: Recentemente ho letto in un libro che tutti noi abbiamo un grembo spirituale. Esiste una cosa simile?

Amma: Potrebbe essere solo un simbolo. Non esiste un organo visibile detto "grembo spirituale". Può voler significare la ricettività che dobbiamo sviluppare per provare e sentire amore dentro di noi. Dio ha fatto a ogni donna il dono di un utero, in cui lei può portare un bambino, nutrirlo, farlo crescere e infine darlo alla luce. In modo simile, noi dovremmo creare dentro di noi spazio sufficiente perché l'amore si formi e cresca. I nostri canti, meditazioni e preghiere nutrono e fanno crescere questo amore, aiutando gradualmente il bambino dell'amore a crescere e a espandersi al di là di tutte le limitazioni. Il vero amore è *shakti* [energia] nella sua forma più pura.

Le persone spirituali
sono speciali?

Domanda: Amma, pensi che la spiritualità e le persone spirituali siano speciali?

Amma: No.

Domanda: E allora?

Amma: La spiritualità consiste nel condurre una vita completamente normale in sintonia con il nostro Sé interiore. Quindi non c'è niente di speciale in questo.

Domanda: Stai dicendo che soltanto le persone spirituali conducono una vita normale?

Amma: Amma ha detto questo?

Domanda: Non direttamente, ma la tua affermazione lo implica, non è vero?

Amma: Questa è la tua interpretazione delle parole di Amma.

Domanda: Okay, ma che cosa pensi della maggior parte delle persone che vivono nel mondo?

Amma: Non la maggior parte. Non viviamo tutti nel mondo?

Domanda: Amma, ti prego…

Amma: Finché viviamo nel mondo, siamo tutti persone del mondo. Tuttavia, ciò che ti rende spirituale è il modo in cui guardi la vita e le sue esperienze mentre vivi nel mondo. Vedi, figlio mio, tutti pensano di vivere una vita normale. Attraverso una corretta introspezione, ogni individuo dovrebbe cercare di scoprire se conduce davvero una vita normale o no. Dovremmo anche sapere che la spiritualità non è qualcosa di insolito o straordinario. Spiritualità non è diventare speciali, ma diventare umili. È anche importante capire che la vita umana in se stessa è molto speciale.

Soltanto una fermata momentanea

Domanda: Amma, perché il distacco è così importante nella vita spirituale?

Amma: Non solo gli aspiranti spirituali, ma chiunque desideri aumentare il proprio potenziale e la propria pace mentale deve praticare il distacco. Essere distaccati significa diventare un *sakshi* [testimone] di tutte le esperienze della vita.

L'attaccamento appesantisce la mente e il distacco la alleggerisce. Più carica è la mente, più tesa sarà, e più desidererà di essere alleggerita. Nel mondo odierno, la mente delle persone sta diventando sempre più carica di pensieri negativi. Ciò crea naturalmente un forte impulso, un bisogno genuino di distacco.

Domanda: Amma, io voglio davvero praticare il distacco, ma le mie convinzioni traballano sempre.

Amma: La convinzione viene soltanto con la consapevolezza. Più consapevolezza hai, più convinto sarai. Figlio, considera il mondo soltanto come una fermata momentanea, un po' più lunga delle altre. Stiamo tutti viaggiando, e questo è soltanto un altro luogo che stiamo visitando. Come quando facciamo un viaggio in pullman o in treno, incontreremo molti altri passeggeri con cui parleremo e condivideremo i nostri pensieri sulla vita e sulle faccende del mondo. Dopo un po', potremo anche sviluppare un attaccamento verso la persona seduta accanto a noi. Tuttavia, ogni passeggero dovrà scendere una volta arrivato alla propria destinazione. Quindi, nel momento in cui incontri qualcuno o ti stabilisci in un posto, mantieni la consapevolezza che un giorno te ne dovrai separare. Se questa consapevolezza è ben sviluppata e si accompagna a un'attitudine positiva, ti guiderà senz'altro in tutte le circostanze della vita.

Domanda: Amma, stai dicendo che bisognerebbe praticare il distacco mentre si vive nel mondo?

Amma: *(sorridendo)* Dove mai puoi imparare il distacco se non vivendo nel mondo? Dopo la morte? In realtà, praticare il distacco è un modo per superare la paura della morte. Garantisce una morte completamente priva di dolore e piena di beatitudine.

Domanda: Com'è possibile?

Amma: Quando sei distaccato, rimani un sakshi anche nell'esperienza della morte. Il distacco è l'atteggiamento giusto, la percezione corretta. È una cosa bella o brutta identificarci con i personaggi di un film e poi cercare di imitarli nella nostra vita? Guardate un film con la consapevolezza che si tratta soltanto di un film; allora sì che lo gusterete. Un modo spirituale di pensare e un modo spirituale di vivere sono il vero sentiero verso la pace.

Non fai il bagno nel fiume per sempre; ti bagni e ne esci fuori fresco e pulito. In modo simile, se sei interessato a condurre una vita spirituale, considera la tua vita familiare come un modo per esaurire le tue *vasana* [tendenze]. In altre parole, ricorda che fai una vita di famiglia non per rimanerne sempre più invischiato, ma per esaurire quella e altre vasana simili e per liberarti dalla schiavitù dell'azione. Il tuo obiettivo dovrebbe essere l'esaurimento delle vasana negative, non il loro accumulo.

Cosa sente la mente

Domanda: Amma, come definisci la "mente"?

Amma: Come uno strumento che non sente mai ciò che gli viene detto, ma soltanto ciò che vuole sentire. Ti si dice una cosa e la mente sente qualcos'altro. Poi, attraverso una serie di tagli, correzioni e incollaggi, compie un'operazione chirurgica su ciò che ha ascoltato. In questo processo, la mente elimina alcune cose e ne aggiunge certe altre all'originale, interpretandolo e lucidandolo finché alla fine non le si addice. Poi ti autoconvinci che questo è ciò che hai sentito.

C'è un ragazzino che viene all'ashram con i suoi genitori. Un giorno sua madre ha raccontato ad Amma un avvenimento interessante verificatosi a casa. La madre aveva detto al figlio di studiare con più serietà, visto che si stavano avvicinando gli esami. Le priorità del ragazzo erano altre, voleva praticare sport e guardare i film. Nella discussione che ne era seguita, il ragazzo aveva infine detto alla madre: "Mamma, non hai sentito che Amma nei suoi discorsi sottolinea l'importanza di vivere nel presente? Per amor di Dio, non capisco perché sei così preoccupata degli esami, che devono ancora venire, quando io ho altre cose da fare nel presente." Questo è ciò che aveva inteso.

Amore e assenza di paura

P er illustrare come l'amore elimini ogni paura, Amma raccontò la seguente storia.

Amma: Tanto tempo fa c'era un re che governava uno stato indiano e viveva in un forte in cima a una collina. Ogni giorno una donna si recava al forte per vendere il latte. Arrivava intorno alle sei del mattino e se ne andava prima delle sei di sera. Alle diciotto in punto le enormi porte all'ingresso del forte si chiudevano, e da quel momento in poi nessuno poteva più entrare o uscire fino al giorno dopo.

Ogni mattina, quando le guardie aprivano le enormi porte di ferro, la donna era lì, con un secchio di latte sulla testa.

Una sera la lattaia si presentò all'ingresso qualche secondo dopo le sei, quando erano appena state chiuse. A casa aveva un figlio piccolo che aspettava il suo ritorno. La donna cadde ai piedi delle guardie e le supplicò di lasciarla uscire. Con le lacrime agli occhi, disse: "Vi prego, abbiate pietà di me. Il mio bambino non mangia né dorme se non sono con lui. Poverino, piangerà tutta la notte se non vede sua madre. Vi prego! Fatemi uscire!" Le guardie, tuttavia, non aprirono le porte perché non potevano disobbedire agli ordini.

La donna, in preda al panico, si mise a correre per il forte, cercando disperatamente una via d'uscita. Non poteva sopportare l'idea del figlioletto innocente che ansiosamente aspettava invano il suo ritorno.

Il forte si trovava su un'altura rocciosa ed era circondato da foreste piene di cespugli spinosi, rampicanti e piante velenose. Col sopraggiungere della notte, la donna si fece ancora più irrequieta, e la sua determinazione a tornare dal suo bambino si intensificò. Fece il giro del forte per trovare un luogo da cui poter scendere e in qualche modo arrivare a casa. Infine adocchiò un punto che sembrava un po' meno ripido e profondo. Dopo aver nascosto il secchio del latte in un cespuglio, incominciò a scendere con cautela dalla montagna. Così facendo, si tagliò e si ferì in varie parti del corpo. Incurante di tutte le avversità, il pensiero del figlio la faceva procedere. Infine riuscì ad arrivare ai piedi della montagna. Corse a casa e passò felicemente la notte con il figlio.

Il mattino dopo, quando aprirono le porte del forte, le guardie furono sbalordite nel vedere lì fuori, in attesa di entrare, la donna che la sera prima non aveva potuto uscire.

"Se una semplice lattaia è riuscita a scendere dal nostro forte inespugnabile, deve esserci un punto da cui i nemici possono entrare e attaccarci," pensarono. Rendendosi conto della gravità della situazione, le guardie di sicurezza l'arrestarono immediatamente e la portarono dal re.

Il re era un persona di grande comprensione e maturità. La sua saggezza, il suo valore e la sua natura nobile erano lodate dalla gente della sua terra. Ricevette la lattaia con grande cortesia. Con le mani giunte in segno di rispettoso saluto, disse: "Madre, se le mie guardie dicono il vero quando affermano che sei fuggita di qui la notte scorsa, saresti così gentile da mostrarmi il luogo da cui sei riuscita a calarti?"

La lattaia condusse il re, i suoi ministri e le guardie in un determinato punto. Lì, recuperò il secchio del latte che aveva nascosto nel cespuglio la sera prima e lo mostrò al re. Guardando il ripido versante della montagna, il re le chiese: "Madre, potresti per favore farci vedere come hai fatto a calarti di qui ieri sera?"

La lattaia guardò questa parete scoscesa e si mise a tremare di paura. "No, non posso!", esclamò piangendo.

"Allora come hai fatto ieri sera?", chiese il re.

"Non lo so."

"Lo so io", disse il re con gentilezza. "È stato l'amore per il tuo bambino a darti la forza e il coraggio di fare l'impossibile."

Nel vero amore si trascendono il corpo, la mente e tutte le paure. Il potere del puro amore è infinito. Un amore simile abbraccia ogni cosa, pervade ogni cosa. In questo amore si può fare l'esperienza della totalità del Sé. L'amore è il respiro dell'anima. Nessuno può dire: "Io respiro soltanto in presenza di mia moglie, dei miei figli, dei miei genitori e degli amici. Non posso respirare in presenza dei miei nemici, di coloro che mi odiano o che mi hanno fatto del male." Così non si può vivere, si muore. In modo analogo, l'amore è una presenza che va oltre ogni differenza. È presente ovunque. È la nostra forza vitale.

Un amore puro e innocente rende possibile tutto. Quando il cuore è pieno dell'energia pura dell'amore, persino il compito più impossibile diventa facile come raccogliere un fiore.

Perché esistono le guerre?

Domanda: Amma, perché c'è così tanta guerra e violenza?

Amma: Per mancanza di comprensione.

Domanda: Cos'è la mancanza di comprensione?

Amma: Assenza di compassione.

Domanda: Comprensione e compassione sono collegate?

Amma: Sì. Quando nasce la vera comprensione, impari a considerare davvero l'altra persona, trascurando le sue debolezze. Da lì si sviluppa l'amore. Quando dentro di noi nasce l'amore puro, nasce anche la compassione.

Domanda: Amma, ti ho sentita dire che l'ego è la causa di guerre e conflitti.

Amma: È vero. Un ego immaturo e la mancanza di comprensione sono quasi la stessa cosa. Usiamo tante parole diverse, ma praticamente indicano tutte la stessa cosa. Quando gli esseri umani perdono contatto con il loro Sé interiore e si identificano di più con il loro ego, possono esserci soltanto guerra e violenza. Questo è ciò che sta succedendo nel mondo odierno.

Domanda: Amma, intendi dire che la gente dà troppa importanza al mondo esterno?

Amma: Civiltà (comodità e sviluppo esteriori) e *samskara* [pensieri e qualità edificanti] dovrebbero andare di pari passo. Ma cosa vediamo nella società? I valori spirituali stanno rapidamente degenerando, non è vero? Conflitti e guerre sono il punto più basso dell'esistenza; quello più elevato è il samskara.

La condizione del mondo d'oggi può essere efficacemente descritta con il seguente esempio. Immagina una strada molto stretta. Due guidatori frenano quando le loro auto sono una di fronte all'altra. A meno che uno di loro faccia marcia indietro e ceda il passo all'altro, non possono procedere. Invece, seduti in macchina, essi dichiarano ostinatamente di non volersi spostare nemmeno di un centimetro. La situazione può essere risolta soltanto se uno di loro dimostra un po' di umiltà ed è disposto a cedere. Così entrambi potranno facilmente giungere a destinazione. Chi cede il passo avrà anche la gioia di sapere che è soltanto grazie a lui che l'altro ha potuto procedere.

Come possiamo far felice Amma?

Domanda: Amma, come posso servirti?

Amma: Servendo disinteressatamente il prossimo.

Domanda: Cosa posso fare per renderti felice?

Amma: Aiuta gli altri a essere felici. È questo che rende Amma veramente felice.

Domanda: Amma, non vuoi niente da me?

Amma: Sì, Amma vuole che tu sia felice.

Domanda: Amma, sei così bella.

Amma: Questa bellezza è anche in te. Devi soltanto scoprirla.

Domanda: Ti voglio bene, Amma.

Amma: Figlia, in verità tu e Amma non siete due cose diverse. Siamo una cosa sola. Esiste soltanto l'amore.

Il vero problema

Domanda: Amma, tu dici che tutto è Uno. Ma io vedo tutto separato. Perché?

Amma: Vedere le cose separate o diverse non è un problema. Il vero problema è non essere in grado di vedere l'Uno nella molteplicità. Questa è una percezione errata, il che è davvero una limitazione. Il tuo modo di guardare il mondo e ciò che succede intorno a te deve innanzitutto essere corretto, poi automaticamente tutto cambierà.

Proprio come la nostra vista ha bisogno di essere corretta quando i nostri occhi esteriori si indeboliscono – ovvero quando incominciamo a vedere doppio – anche l'occhio interiore ha bisogno di una messa a punto, seguendo le istruzioni di qualcuno stabilito nell'esperienza di quell'Unità, un *Satguru* [Maestro che ha realizzato il Sé].

Il problema non è nel mondo

Domanda: Cosa c'è che non va nel mondo? Le cose non sembrano promettere bene. Possiamo fare qualcosa a questo riguardo?

Amma: Non c'è nessun problema nel mondo. Il problema è nella mente umana – nell'ego. È un ego incontrollato che rende problematico il mondo. Un po' più di comprensione e di compassione possono creare molti cambiamenti.

L'ego governa il mondo. Le persone sono vittime indifese del loro ego. Persone sensibili dotate di cuori compassionevoli sono difficili da trovare. Trova la tua armonia interiore, il bel canto dell'amore e della vita dentro di te. Va' a servire chi soffre. Impara a mettere gli altri davanti a te stesso. Ma nel nome dell'amore e del servizio agli altri non innamorarti del tuo ego. Mantieni il tuo ego, ma sii padrone del tuo ego e della tua mente. Tieni in considerazione tutti, perché questa è la porta di ingresso verso Dio e verso il tuo Sé.

Perché seguire il sentiero spirituale?

Domanda: Perché una persona dovrebbe seguire il sentiero spirituale?

Amma: È come se il seme chiedesse: "Perché dovrei scendere sottoterra, germogliare e crescere?"

Saper gestire l'energia spirituale

Domanda: Alcune persone hanno perso la salute dopo aver compiuto pratiche spirituali. Perché?

Amma: Le pratiche spirituali preparano il tuo corpo e la tua mente, che sono limitati per natura, a contenere la *shakti* [energia] universale. Aprono i cancelli a una coscienza più elevata in te. In altre parole, hanno a che fare direttamente con la pura shakti. Se non si fa attenzione, possono causare problemi fisici e mentali. Per esempio, la luce ci aiuta a vedere, ma troppa luce danneggerà gli occhi. In modo simile, la shakti, o la beatitudine, è di grande beneficio. Tuttavia, se non sai come gestirla nel modo giusto, può essere pericolosa. Soltanto la guida di un *Satguru* [Maestro che ha realizzato il Sé] ti assisterà davvero in questo.

Il lamento e la compassione di un cuore innocente

Un bambino arrivò correndo da Amma e le mostrò la mano destra. Amma gli prese con affetto il dito e gli chiese: "Cosa c'è, baby?" "Lui si voltò e disse: "Là…"

Amma: Là, cosa?

Bambino: Papà…

Amma: Papà, cosa?

Bambino: *(indicando la mano)* Papà seduto qui.

Amma: *(abbracciando forte il bambino)* Amma chiama il papà.

A quel punto il padre si avvicinò ad Amma. Disse che quella mattina si era seduto per sbaglio sulla mano del bambino. Questo era successo a casa e il bambino stava cercando di spiegarlo ad Amma.

Tenendo sempre il bambino vicino a sé, Amma disse: "Guarda, bambino mio, Amma darà una bella sculacciata al tuo papà, okay?"

Il bambino fece segno di sì con la testa. Amma si comportò come se stesse picchiando il padre, che faceva finta di piangere. All'improvviso, il bambino afferrò la mano di Amma e disse: "Basta così."

Abbracciando il bambino ancora più stretto, Amma rise. Anche i devoti si misero a ridere.

Amma: Vedete, vuole bene a suo padre. Non vuole che qualcuno faccia del male al suo papà.

Come questo bambino, che è venuto da Amma ad aprire il suo cuore senza riserve, anche voi, figli, dovreste imparare ad aprire il vostro cuore a Dio. Sebbene Amma stesse soltanto facendo finta di picchiare il padre, per il bambino era una cosa reale. Non voleva che suo padre soffrisse. In modo simile, figli, comprendete il dolore degli altri e siate compassionevoli verso tutti.

Svegliare il discepolo che sta sognando

Domanda: Come fa il Guru ad aiutare il discepolo a trascendere l'ego?

Amma: Creando le situazioni opportune. In verità, è la compassione del *Satguru* [Maestro che ha realizzato il Sé] ad aiutare il discepolo.

Domanda: Cos'è che aiuta davvero il discepolo? Le situazioni o la compassione del Guru?

Amma: Le situazioni emergono come risultato dell'infinita compassione del Satguru.

Domanda: Queste situazioni sono situazioni normali o speciali?

Amma: Sono normali. Ma sono anche speciali perché sono un'altra forma della benedizione del Satguru per la crescita spirituale del discepolo.

Domanda: C'è conflitto tra il guru e il discepolo durante il processo di rimozione dell'ego?

Amma: La mente si ribellerà e protesterà perché vuole continuare a dormire e a sognare. Non vuole essere disturbata. Tuttavia, un vero Maestro viene a disturbare il sonno del discepolo. L'unico obiettivo del Satguru è di risvegliare il discepolo. Quindi può sembrare che ci sia una contraddizione. Ma un vero discepolo dotato di *shraddha* [fede e amore] userà il discernimento per superare tali conflitti interiori.

Obbedienza al Guru

Domanda: Una perfetta obbedienza al Guru condurrà infine alla morte dell'ego?

Amma: Sì. Nella *Kathopanishad* [una delle *Upanishad*, parte conclusiva dei Veda], il *Satguru* [Maestro che ha realizzato il Sé] è rappresentato da Yama, il Signore della Morte. Questo perché il Guru rappresenta la morte dell'ego del discepolo, che può verificarsi soltanto con l'aiuto di un Satguru.

L'obbedienza al Satguru nasce dall'amore del discepolo per il Guru. Il discepolo si sentirà enormemente ispirato dal sacrificio di sé e dalla compassione del Maestro. Commosso dalla natura del Guru, il discepolo rimarrà spontaneamente aperto e obbediente di fronte a lui.

Domanda: Ci vuole un coraggio straordinario per affrontare la morte dell'ego, non è vero?

Amma: Certamente, e questa è la ragione per cui sono pochi quelli in grado di farlo. Permettere all'ego di morire è come bussare alla porta della morte. È questo che fece Nachiketas, il giovane aspirante spirituale della Kathopanishad. Ma se hai il coraggio e la determinazione di bussare alla porta della morte, scoprirai che la morte non esiste. Perché persino la morte, o la morte dell'ego, è un'illusione.

L'orizzonte è qui

Domanda: Dov'è nascosto il Sé?

Amma: Questa domanda equivale a chiedere: "Dove sono nascosto io?" Non sei nascosto da nessuna parte. Tu sei dentro di te. In modo simile, il Sé è al tuo interno e anche all'esterno.

Dalla spiaggia, sembra che l'oceano e l'orizzonte si incontrino in un determinato punto. Immaginiamo che lì ci sia un'isola e gli alberi sembra che tocchino il cielo. Tuttavia, se ci rechiamo sull'isola, troviamo il punto di incontro? No, anzi, il punto si sposta da qualche altra parte. In realtà, dov'è l'orizzonte? L'orizzonte è proprio qui dove ci troviamo, non è vero? In modo simile, ciò che stai cercando è proprio qui. Ma finché siamo ipnotizzati dal corpo e dalla mente, continuerà a rimanere lontano.

Per quanto riguarda la conoscenza suprema, sei come un mendicante. Appare il Maestro e ti dice: "Ascolta, l'universo intero ti appartiene. Butta via la tua ciotola delle elemosine e cerca il tesoro nascosto dentro di te."

La tua ignoranza della realtà ti fa dire con ostinazione: "Stai dicendo sciocchezze. Io sono un mendicante e voglio continuare a chiedere l'elemosina per il resto della vita. Per favore, lasciami in pace." Ma un *Satguru* [Maestro che ha realizzato il Sé] non ti abbandonerà, continuerà a ripeterti la stessa cosa fino a che non sarai convinto e non comincerai la ricerca.

In breve, il Satguru ci aiuta a renderci conto di come la mente sia una mendicante, ci sprona a gettare via la ciotola dell'elemosina e ci aiuta a diventare i padroni dell'universo.

La fede e il rosario

Durante un Devi Bhava a San Ramon, in California, stavo per recarmi a cantare i *bhajan* [canti devozionali] quando una signora si avvicinò a me con le lacrime agli occhi, dicendo:

"Ho perso qualcosa di molto prezioso per me."

La signora aveva un'aria disperata. Disse: "Stavo dormendo sulla balconata, con il rosario che mi aveva dato mia nonna. Quando mi sono svegliata, era sparito. Qualcuno l'ha rubato. Per me aveva un valore inestimabile. Oh, mio Dio, che cosa posso fare adesso?" La signora si mise a piangere.

"Si è recata agli Oggetti Smarriti?", m'informai.

"Sì, ma non c'era."

Le dissi: "La prego, non pianga. Facciamo un annuncio. Se qualcuno l'ha trovato o l'ha preso per errore, potrebbe riportarlo indietro se lei spiega quanto valore ha per lei."

Stavo per condurla verso il microfono quando lei esclamò: "Come fa una cosa simile a succedere in una notte di Devi Bhava, mentre sono venuta a ricevere il *darshan* di Amma?"

Quando la sentii parlare in questo modo, spontaneamente pronunciai le seguenti parole: "Ascolti, lei non è stata abbastanza attenta, ecco perché ha perso il rosario. Perché si è addormentata con il rosario in mano se per lei era così prezioso? Ci sono vari tipi di persone qui, stanotte. Amma non rifiuta nessuno. Permette a tutti di partecipare e di essere felici. Sapendolo, avrebbe dovuto prendersi maggior cura del suo rosario. Invece dà la colpa ad Amma senza addossarsi la responsabilità della sua negligenza."

La signora non era convinta, e disse: "La mia fede in Amma è scossa."

Io le chiesi: "Aveva una fede da perdere? Se avesse avuto una vera fede, come avrebbe potuto perderla?"

Lei non disse altro. Io la diressi verso il microfono e lei fece l'annuncio.

Un paio di ore dopo, quando finii di cantare, incontrai la signora alla porta d'ingresso principale della sala. Stava aspettando di vedermi. Mi disse che aveva trovato il rosario. In verità, qualcuno l'aveva visto per terra sulla balconata e l'aveva preso, pensando che fosse un regalo di Amma per lui. Ma quando sentì l'annuncio, lo riportò indietro.

La signora disse: "Grazie per il suo suggerimento."

"Ringrazi Amma, perché ha avuto la compassione di non volere che lei perdesse la fede", replicai. Prima di salutarla, aggiunsi: "Sebbene qui ci siano vari tipi di persone, tutti amano Amma; altrimenti lei non avrebbe più rivisto il suo rosario."

Amore e abbandono

Domanda: Amma, che differenza c'è tra amore e abbandono?

Amma: L'amore ha delle condizioni. L'abbandono è senza condizioni.

Domanda: Che cosa vuol dire?

Amma: Nell'amore esiste l'amante e l'amato, il discepolo e il Maestro, il devoto e Dio. Ma nell'abbandono la dualità scompare. Esiste soltanto il Maestro; esiste soltanto Dio.

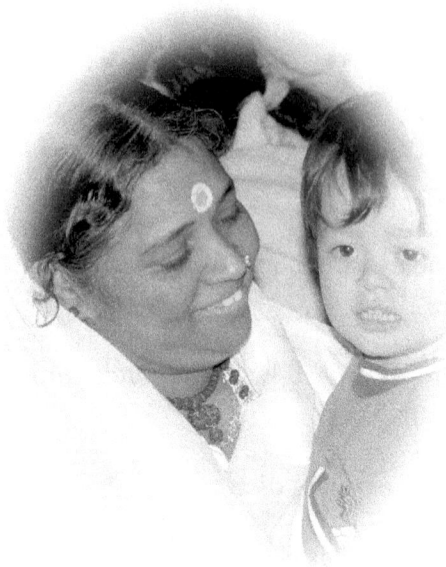

Consapevolezza e vigilanza

Domanda: Consapevolezza equivale a *shraddha* [attenzione e cura amorevole]?

Amma: Sì, più shraddha hai e più consapevole sei. La mancanza di consapevolezza crea ostacoli sul sentiero verso la libertà eterna. È come guidare nella nebbia, non sei in grado di vedere niente con chiarezza. È anche pericoloso, perché in qualsiasi momento può verificarsi un incidente. Le azioni compiute con consapevolezza, invece, ti aiutano a realizzare la tua innata divinità e ad aumentare la tua chiarezza in ogni momento.

La fede rende tutto semplice

Domanda: Perché la realizzazione del Sé è così difficile da raggiungere?

Amma: In verità, la realizzazione del Sé è facile, perché l'*Atman* [il Sé] è la cosa a noi più vicina. È la mente a rendere tutto difficile.

Domanda: Ma non è così che viene descritto nelle Scritture e dai grandi Maestri. I mezzi e i metodi sono estremamente rigorosi.

Amma: Le Scritture e i grandi Maestri cercano sempre di indicare la via più semplice. Ti ricordano costantemente che il Sé, o Dio, è la tua vera natura, il che significa che non è una cosa lontana. È chi sei realmente, il tuo volto originale. Ma per assorbire questa verità devi avere fede. La mancanza di fede rende il sentiero arduo e la fede lo rende semplice. Di' a un bambino: "Sei un re" e un attimo dopo si sarà identificato con un re e si comporterà come tale. Gli adulti hanno forse una fede simile? No, purtroppo. Ecco perché per loro è difficile.

Concentrarsi sulla meta

Domanda: Amma, come si fa ad arricchire il proprio viaggio spirituale?

Amma: Attraverso una *sadhana* [pratiche spirituali] sincera, e concentrandosi sulla meta. Ricordati sempre che la tua esistenza fisica in questo mondo ha come scopo la realizzazione spirituale. Il tuo modo di pensare e di vivere deve essere plasmato in modo tale da aiutarti a progredire sul cammino.

Domanda: Concentrarsi sulla meta equivale ad avere distacco?

Amma: Se uno è concentrato sulla meta, il distacco sorge automaticamente. Per esempio, se stai viaggiando verso un'altra città dove hai degli affari urgenti, la tua mente sarà costantemente fissa sulla tua destinazione, non è vero? Potrai vedere un bel parco, un lago, un ristorante carino, un giocoliere con 15 palle e così via, ma niente di tutto questo ti attirerà. La tua mente sarà distaccata da queste cose e sarà focalizzata sulla meta. In modo simile, se ci si concentra con sincerità sull'obiettivo, ne conseguirà automaticamente il distacco.

Azione e schiavitù

Domanda: Alcune persone ritengono che sul sentiero spirituale l'azione crei degli ostacoli e che quindi sia consigliabile astenervisi. È una prospettiva corretta?

Amma: Questa è probabilmente la definizione di un pigro. Il *karma* [azione] in sé non è pericoloso. Tuttavia, quando non è accompagnato dalla compassione, quando viene usato per una gratificazione personale e soltanto per i propri interessi, diventa pericoloso. Per esempio, durante un'operazione chirurgica un medico deve essere pienamente consapevole e avere anche un atteggiamento compassionevole. Invece, se rimugina sui guai che ha a casa, il suo livello di consapevolezza diminuisce e questo potrebbe addirittura mettere a rischio la vita del paziente. Un tale karma è *adharma* [azione sbagliata]. Il senso di soddisfazione che un chirurgo prova quando un intervento ha successo, invece, può aiutarlo a elevarsi, se incanalato nel modo corretto. In altre parole, il karma compiuto con la forza motrice della consapevolezza e della compassione accelera il proprio cammino spirituale. Al contrario, quando facciamo le cose con poca o nessuna consapevolezza e senza compassione, diventa pericoloso.

Per far crescere il discernimento

Domanda: Amma, come cresce il discernimento?

Amma: Attraverso un'azione contemplativa.

Domanda: Una mente discriminante è una mente matura?

Amma: Sì, è una mente spiritualmente matura.

Domanda: Una mente simile avrà capacità maggiori?

Amma: Maggiori capacità e comprensione.

Domanda: Comprensione di cosa?

Amma: Comprensione di tutto, di ogni situazione ed esperienza.

Domanda: Intendi anche le situazioni negative e dolorose?

Amma: Sì, tutte. Anche le situazioni dolorose, quando vengono comprese, hanno un effetto positivo sulla nostra vita. Sotto la superficie di tutte le esperienze, belle o brutte che siano, c'è un messaggio spirituale. Quindi, vedere tutto dall'esterno è materialismo, e vedere tutto dall'interno è spiritualità.

Il balzo finale

Domanda: Amma, esiste un momento nella vita di un ricercatore quando egli deve soltanto aspettare?

Amma: Sì. Dopo aver compiuto pratiche spirituali per molto tempo, ovvero dopo averci messo tutto lo sforzo necessario, verrà il momento in cui il *sadhak* [aspirante spirituale] deve interrompere ogni *sadhana* [pratiche spirituali] e aspettare pazientemente che si verifichi la realizzazione.

Domanda: A quel punto il ricercatore può fare l'ultimo balzo da solo?

Amma: No. In verità, quello è un momento cruciale, in cui il sadhak ha bisogno di immenso aiuto.

Domanda: Sarà il Guru a fornire quell'aiuto?

Amma: Sì, soltanto la grazia del *Satguru* [Maestro che ha realizzato il Sé] può aiutare il sadhak a quel punto. È lì che il sadhak ha bisogno di assoluta pazienza. Ha fatto tutto quello che ha potuto; ci ha messo tutto lo sforzo necessario. Adesso il sadhak è impotente. Non sa come fare l'ultimo passo. A questo punto l'aspirante potrà addirittura sentirsi confuso e tornare verso il mondo, pensando che lo stato di realizzazione del Sé non esista. Soltanto la presenza e la grazia del Satguru ispireranno il ricercatore e lo aiuteranno a trascendere quello stato.

Il momento più felice
nella vita di Amma

Domanda: Amma, qual è il momento più felice nella tua vita?

Amma: Ogni momento.

Domanda: Ovvero?

Amma: Amma vuol dire che Amma è costantemente felice, perché per quanto la riguarda esiste soltanto puro amore.

Amma non parlò per un po'. Il darshan continuò. Poi un devoto portò un'immagine della Dea Kali che danza sul petto del Signore Shiva, per farla benedire.

Amma: Guarda quest'immagine. Sebbene Kali abbia un aspetto feroce, è in estasi. Sai perché? Perché ha appena tagliato la testa, l'ego, del suo amato discepolo. La testa è considerata la sede dell'ego. Kali sta celebrando il prezioso momento in cui il discepolo ha trasceso completamente l'ego. Un'altra anima, che da tempo vagava nelle tenebre, è stata liberata dalla morsa di *maya* [illusione]. Quando una persona raggiunge la salvezza, la *kundalini shakti* [energia spirituale] di tutto il Creato si risveglia e si solleva. Da quel momento in poi egli percepisce il divino in ogni cosa. Così si dà il via a una celebrazione senza fine. Ecco perché Kali danza in estasi.

Domanda: Intendi dire che anche per te il momento più felice è quando i tuoi figli sono in grado di trascendere l'ego?

Un sorriso radioso illuminò il volto di Amma.

Il dono più grande di Amma

Un devoto anziano, malato terminale di cancro, venne al darshan di Amma. Sapendo che non gli restava molto da vivere, l'uomo disse: "Arrivederci, Amma. Ti ringrazio molto per tutto ciò che mi hai dato. Hai riversato amore puro su questo figlio e mi hai indicato la strada in questo periodo doloroso. Senza di te sarei crollato da tempo. Tieni sempre questa anima vicina a te." Così dicendo, il devoto prese la mano di Amma e se la mise sul petto.

L'uomo poi singhiozzò, coprendosi il volto con le mani. Amma, con affetto, lo fece appoggiare alla propria spalla, mentre si asciugava le lacrime che bagnavano le sue stesse guance.

Sollevandogli la testa, Amma lo guardò profondamente negli occhi. Lui smise di piangere. Aveva addirittura un aspetto allegro e forte. Disse: "Con tutto l'amore che mi hai dato, Amma, tuo figlio non è triste. La mia unica preoccupazione è se rimarrò tra le tue braccia anche dopo la morte. Ecco perché piangevo. Altrimenti, sto bene."

Guardandolo negli occhi con profondo amore e considerazione, a bassa voce Amma disse: "Non preoccuparti, figlio mio. Amma ti assicura che rimarrai eternamente tra le sue braccia."

Il volto dell'uomo all'improvviso s'illuminò di una gioia immensa. Aveva un'aria piena di pace. Con gli occhi ancora umidi, Amma lo osservò in silenzio mentre si allontanava.

L'amore rende tutto vivo

Domanda: Amma, se la coscienza pervade ogni cosa, anche gli oggetti inanimati ce l'hanno?

Amma: Hanno una coscienza che non riusciamo a percepire o a capire.

Domanda: Come si fa a comprenderla?

Amma: Attraverso l'amore puro. L'amore rende tutto vivo e cosciente.

Domanda: Io ho amore, ma non vedo tutto vivo e cosciente.

Amma: Ciò vuol dire che c'è qualcosa che non va nel tuo amore.

Domanda: L'amore è amore. Come fa a esserci qualcosa che non va nell'amore?

Amma: Il vero amore è ciò che ci aiuta a sperimentare la vita e la forza vitale dappertutto. Se il tuo amore non ti rende in grado di vedere questo, non è vero amore. È un amore illusorio.

Domanda: Ma questa è una cosa così difficile da capire e da mettere in pratica, non è vero?

Amma: No, non lo è.

La devota rimase in silenzio, con un'espressione stupita sul volto.

Amma: Non è difficile come pensi. Anzi, quasi tutti lo fanno, ma non ne sono consapevoli.

Proprio in quel momento, una devota portò da Amma il suo gatto per una benedizione. Amma smise di parlare per qualche istante. Tenne per un po' il gatto tra le braccia e lo accarezzò. Gli applicò poi della pasta di sandalo sulla fronte e gli diede da mangiare un bacio di cioccolato.

Amma: Maschio o femmina?

Domanda: Femmina.

Amma: Come si chiama?

Domanda: Rose… *(con molta apprensione)* Non si sente bene da due giorni. Amma, Ti prego, benedicila e fa' che guarisca in fretta. È la mia fedele amica e compagna.

Mentre la signora pronunciava queste parole, i suoi occhi si riempirono di lacrime. Amma applicò affettuosamente della cenere sacra sulla gatta e la riconsegnò alla devota, che si allontanò felice.

Amma: Per quella figlia, la sua gatta non è una dei milioni di gatti; la sua gatta è unica. Per lei è quasi un essere umano. Per quanto la riguarda, la sua "Rose" ha una propria individualità. Perché? Perché l'ama tantissimo, si identifica moltissimo con essa. In tutto il mondo le persone si comportano così, non è vero? Danno un nome ai loro cani, gatti, pappagalli e a volte anche agli alberi. Dopo avergli dato un nome e averlo fatto proprio, per quella particolare persona, l'animale, la pianta o l'uccello diventa distinto e diverso dagli altri della sua specie. Improvvisamente assume lo status di qualcosa di più di una semplice creatura. L'identificazione di quella persona con questa creatura gli dà una nuova vita.

Guarda i bambini piccoli. Per loro una bambola diventa una cosa viva e cosciente. Parlano con la bambola, le danno da mangiare e dormono con lei. Che cos'è che dona vita alla bambola? Non è forse l'amore del bambino per lei? L'amore può trasformare anche un semplice oggetto in una cosa viva e cosciente.

Adesso, di' ad Amma, un amore così è difficile?

Una grande lezione di perdono

Domanda: Amma, c'è qualcosa che vuoi dirmi? Delle istruzioni speciali per me in questo momento della mia vita?

Amma: *(sorridendo)* Sii paziente.

Domanda: Tutto qua?

Amma: È già tanto.

Il devoto si era voltato e si era allontanato di qualche passo quando Amma gli gridò: "… e sappi anche perdonare." Sentendo le parole di Amma, l'uomo si voltò e chiese: "Stai parlando con me?"

Amma: Sì, con te.

L'uomo tornò vicino alla sedia di Amma.

Domanda: Sono sicuro che stai facendo una qualche allusione, visto che in passato è sempre successo così. Amma, Ti prego, dimmi chiaramente cosa stai suggerendo.

Amma continuò a dare il darshan mentre l'uomo aspettava di saperne di più. Per un po' Amma non disse altro.

Amma: Qualcosa, un episodio o una situazione, deve esserti venuto improvvisamente in mente. Altrimenti perché avresti reagito così in fretta sentendo Amma parlare di perdono? Figlio, non hai avuto la stessa reazione quando Amma ti ha detto di essere paziente. L'hai accettato e te ne stavi andando, vero? Quindi c'è senz'altro qualcosa che ti turba.

Sentendo le parole di Amma, l'uomo si sedette in silenzio per un po', a testa china. Improvvisamente cominciò a piangere, coprendosi il volto con le mani. Amma non riuscì a sopportare di vedere questo suo figlio piangere. Con affetto gli asciugò le lacrime e gli accarezzò il petto.

Amma: Non preoccuparti, figlio. Amma è con te.

Domanda: *(singhiozzando)* Hai ragione. Sono incapace di perdonare mio figlio. Non gli parlo da un anno. Sono profondamente ferito e molto arrabbiato con lui. Amma, per favore, aiutami.

Amma: *(guardando il devoto con affetto)* Amma ti capisce.

Domanda: Un giorno, circa un anno fa, è tornato a casa completamente "fumato". Quando gli ho chiesto di spiegare il suo comportamento è diventato violento e mi ha urlato contro, poi ha incominciato a rompere piatti e a fare a pezzi altre cose. Io ho perso completamente la pazienza e l'ho buttato fuori di casa. Da allora non l'ho più visto né gli ho più parlato.

L'uomo aveva un'aria davvero triste.

Amma: Amma vede il tuo cuore. Chiunque avrebbe perso il controllo in una situazione simile. Non sentirti in colpa per l'episodio. Tuttavia è importante che tu lo perdoni.

Domanda: Voglio farlo, ma non sono capace di dimenticare e di passare oltre. Ogni qualvolta il mio cuore mi dice di perdonarlo, la mente dubita. La mia mente dice: "Perché dovresti perdonarlo? Ha fatto lui l'errore, quindi aspetta che si penta e venga a chiederti perdono."

Amma: Figlio, vuoi davvero risolvere la situazione?

Domanda: Sì, Amma. Lo voglio, e voglio guarire mio figlio e me stesso.

Amma: Allora non ascoltare mai la mente. La mente non può sanare né risolvere situazioni di questo tipo. Anzi, la mente le aggraverà e ti confonderà ancora di più.

Domanda: Amma, cosa mi consigli?

Amma: Forse Amma non potrà dirti quello che vorresti sentire. Tuttavia Amma può dirti ciò che davvero ti aiuterà a sanare la situazione e a portare la pace tra te e tuo figlio. Abbi fede e a poco a poco le cose si sistemeranno.

Domanda: Ti prego, Amma, consigliami. Cercherò di fare del mio meglio per seguire i tuoi consigli.

Amma: Ciò che è successo, è successo. Innanzitutto fa' in modo di crederlo e accettarlo. Poi, convinciti che oltre alla causa nota c'era anche una causa ignota per la catena di eventi che hanno avuto luogo quel giorno. La tua mente è intransigente e sempre pronta a dare la colpa di tutto a tuo figlio. Bene. Per quanto riguarda questo episodio in particolare, magari la colpa era di tuo figlio, tuttavia...

Domanda: *(ansiosamente)* Amma, non hai finito quello che stavi per dire.

Amma: Lascia che Amma ti faccia una domanda. Tu sei stato molto rispettoso e affettuoso verso i tuoi genitori, in particolare tuo padre?

Domanda: *(con un'aria alquanto sorpresa)* Con mia mamma, sì, ho avuto un bellissimo rapporto... ma con mio padre un rapporto pessimo.

Amma: Perché?

Domanda: Perché lui era molto severo, e io trovavo difficile accettare i suoi modi di fare.

Amma: E naturalmente ci sono state delle occasioni in cui sei stato maleducato con lui, il che l'ha fatto soffrire, vero?

Domanda: Sì.

Amma: Ciò significa che ciò che hai fatto a tuo padre ti sta tornando indietro nella forma di tuo figlio, con le sue parole e azioni.

Domanda: Amma, mi fido delle tue parole.

Amma: Figlio, non hai sofferto molto a causa del rapporto difficile con tuo padre?

Domanda: Sì.

Amma: Infine l'hai perdonato e ti sei riconciliato con lui?

Domanda: Sì, ma solo qualche giorno prima della sua morte.

Amma: Figlio, vuoi che tuo figlio attraversi le stesse sofferenze, cosa che renderà infelice anche te?

L'uomo scoppiò a piangere mentre, scuotendo la testa, diceva: "No, Amma, no, mai…"

Amma: *(tenendolo stretto)* Quindi perdona tuo figlio, perché quella è la strada verso la pace e l'amore.

L'uomo si sedette accanto ad Amma e meditò a lungo. Quando se ne andò, disse: "Mi sento leggero e rilassato. Ho intenzione di incontrare mio figlio il prima possibile. Grazie, Amma, grazie davvero."

Darshan

Domanda: Con quale attitudine le persone dovrebbero avvicinarsi a te per avere un'esperienza intensa del tuo *darshan*?

Amma: Come facciamo ad avere un'esperienza intensa della bellezza e del profumo di un fiore? Rimanendo completamente aperti al fiore. Supponi di avere il naso chiuso. Ti perderai l'esperienza. In modo simile, se la tua mente è bloccata da pensieri, giudizi e idee preconcette, ti perderai il darshan di Amma.

Uno scienziato osserva un fiore come l'oggetto di un esperimento; per un poeta, è l'ispirazione per una poesia. E un musicista? Canta una canzone sul fiore. Un erborista lo vedrà trasformato in una medicina efficace, non è vero? Per un animale o per un insetto non è altro che cibo. Nessuno di loro vede il fiore come fiore, come un tutto. In modo analogo, le persone sono di natura diversa. Amma riceve tutti allo stesso modo – dà loro la stessa opportunità, lo stesso amore, lo stesso darshan. Non rifiuta nessuno perché sono tutti figli suoi. Tuttavia, a seconda della ricettività di chi li riceve, i darshan saranno diversi. Il darshan è sempre lì. È un flusso senza fine. Devi solo riceverlo. Se riesci a ritrarti completamente dalla mente anche solo per un secondo, avrai un darshan in tutta la sua pienezza.

Domanda: In questo senso, tutti ricevono il tuo darshan?

Amma: Dipende da quanto è aperta una persona. Più si è aperti, e più darshan si riceve. Anche se non pienamente, tutti ricevono un assaggio.

Domanda: Un assaggio di cosa?

Amma: Un assaggio di ciò che essi sono veramente.

Domanda: Significa che avranno un assaggio anche di ciò che tu sei realmente?

Amma: La realtà in voi e in Amma è la stessa.

Domanda: E qual è?

Amma: Il silenzio, pieno di beatitudine, dell'amore.

Non pensare, ma avere fiducia

Reporter: Amma, qual è lo scopo della tua presenza su questo pianeta?

Amma: Qual è lo scopo della *tua* presenza su questo pianeta?

Domanda: Ho determinati obiettivi nella vita. Penso di essere qui per portarli a termine.

Amma: Anche Amma è qui per portare a termine certi obiettivi che sono di beneficio alla società. Ma al contrario di te, Amma non solo *pensa* che questi obiettivi verranno raggiunti, Amma ha completa fiducia che questi obiettivi saranno raggiunti.

AUM TAT SAT